Gerhard Staguhn ▪ Das Herz

Inhalt

»Das Herz ist für sich eine Welt ...«
(Goethe)

ERSTES KAPITEL

Die Geheimuhr des Herzens

Herz und Rhythmus

Das Einfachste und dabei Grundlegendste, was man über das Herz sagen kann, ist dies: Es schlägt. Schlägt es nicht mehr, so ist – buchstäblich mit einem Schlag – nicht nur das Herz kein Herz mehr, sondern es hört der Mensch auf, ein Mensch zu sein. Das Gleiche gilt freilich auch für das Tier – sofern es ein Herz hat.

Es ist gewiss nicht das Schlechteste, gleich zu Beginn dieses Buches das Tier in die Gedanken um das Herz mit einzubeziehen. Denn wo vom Herzen gesprochen wird, herrscht ein verschwiegener Konsens darüber, dass mit »Herz« immer nur das Menschenherz gemeint ist. Als hätten Tiere kein Herz. Nur auf diese Weise funktioniert die Erhöhung dieses Organs zu einem Kultobjekt im weitesten Sinn, zu einem mythischen, mystischen und mysteriösen Gegenstand der Verehrung, der auf rätselhafte Weise immer wieder neue Mythen und Mysterien schafft.

Um das Tierherz haben sich weder Mythen noch Mysterien gebildet, nicht einmal zu Zeiten, da Tiere als Götter höchste Verehrung genossen. Als man die Tiere als Gottheiten nicht mehr brauchte, weil die Götter menschlich wurden, sprach man den Tieren ein Herz ab, und mit »Herz« war auf einmal die Seele gemeint. Tiere hatten keine Seele, weil sie keine haben durften. Die Seele wurde zum exklusiven und allerhöchsten menschlichen Besitz erhoben. Dieser Menschenseele gab man, damit sie fassbar wurde, ein Domizil, sozusagen einen ersten Wohnsitz im menschlichen Körper, und wählte hierfür – was sonst! – das Herz. Damit wurden Herz und Seele eins.

Allerdings: Man war sich – und mit »man« sind die Philosophen gemeint – anfangs nicht so sicher, welches Organ man als Seelenorgan wählen sollte. Beispielsweise wäre dafür auch die Lunge geeignet gewesen, war der Atem doch nichts anderes als Seelenhauch: der »atmán« in der altindischen Religion. Denn nicht nur im Herzschlag, sondern auch im Atem werden körperliche Anstrengung, aber auch Erregung, Angst oder andere starke Gefühle an zentraler Stelle des Körpers, nämlich in der Brust, spürbar. Und weil darüber hinaus Herz und Lunge im Organismus eng miteinander verbunden sind, wurden Herzschlag und Atem Ausdruck des Lebens schlechthin.

Auch das »atmende« Zwerchfell wäre durchaus als Seelensitz geeignet gewesen wegen seiner Fähigkeit zu rhythmischer Kontraktion und Entspannung, desgleichen der Magen, der in alter Zeit ohnehin nicht streng vom Herzen geschieden war. Außerdem sei die Leber als »Sitz des Lebens« nicht zu vergessen; seit der Antike stand sie als ein Zentralorgan gleichwertig neben dem Herzen und wurde als Blutbildungsorgan angesehen. Überhaupt hatte das alles mit Wissen, wie wir es heute verstehen, wenig zu tun; es war eine philosophisch und theologisch begründete Ansichtssache, die je nach Art der Philosophie anders ausfiel. Es gab nicht die *eine* antike Philosophie, sondern viele widerstreitende Schulen.

So war die Seele zu Beginn der menschlichen Seelenkunde ein unsteter Bewohner des Körpers, ein Mieter mit ständig wechselndem Wohnsitz. Selbst ein so winziges und peripheres Organ wie die Zirbeldrüse musste zeitweise der Seele als Behausung dienen. Bei den alten Griechen wurde sogar das Knie dafür auserkoren, was logischerweise zu zwei Seelen beziehungsweise einer gespaltenen Seele führte. Aber so logisch dachten die alten Griechen nicht, weshalb auch derjenige seine Seele behielt, der beide Beine – und somit auch die Knie – verloren hatte. Wie die alten Griechen auf das Knie als Seelenort kamen, wissen wir nicht, und diese Beziehung mutet uns heute ziemlich abstrus an.

Doch so ganz ohne Bezug zur Seele ist das Knie, genauer: die Kniekehle, auch nach Auffassung der modernen Wissenschaft nicht. In der Kniekehle verlaufen die Blutgefäße dicht unter der Haut. Werden die Kniekehlen intensiv mit hellem Licht bestrahlt, so lässt sich damit die innere Uhr des Menschen, also sein Tag-Nacht-Rhythmus, beeinflussen. Unser innerer Zeitgeber im Gehirn kann durch intensive Bestrahlung der Kniekehlen verstellt werden. Der »Wecker« im Kopf wird also nicht allein über den Lichteinfall in die Augen gestellt. Deshalb haben auch blinde Menschen einen Tag-Nacht-Rhythmus.

Bei der Erklärung dieses Kniebeleuchtungsphänomens spielt der Blutfarbstoff Hämoglobin eine zentrale Rolle. Denn an manche dieser roten Moleküle lagert sich Stickstoffmonoxid an, das im Gehirn als Botenstoff wirkt und zum Beispiel für die durch Lichtmangel ausgelöste Winterdepression verantwortlich ist. Licht kann dieses Stickstoffmonoxid vom Hämoglobin abspalten und somit die Depression beseitigen. Durch eine Belichtung der Kniekehlen wird die Stimmung der Seele gehoben. Hämoglobin ist übrigens entfernt verwandt mit dem lichtempfindlichen Molekül des Chlorophylls, des Blattgrüns. Vielleicht haben wir also unsere innere »Uhr« – am Ende die ganze Seele – von den Pflanzen geerbt? Manche Esoteriker sehen in den Pflanzen ohnehin die geistigsten Wesen.

Kommen wir jedoch zum Ausgangspunkt zurück: All diese Organe, vom Herz bis zum Knie, finden sich auch bei den höher entwickelten Tieren, und so bedurfte es einer gewaltigen Verdrängungsarbeit bei dem philosophischen – und erst recht dem theologischen – Bemühen, dem Tier eine Seele abzusprechen. Denn man hätte ihm in letzter Konsequenz all jene Organe absprechen müssen, die als Sitz der Seele in Frage kamen. Erstaunlich ist, dass diese Verdrängungsarbeit erfolgreich war und unterschwellig bis in unsere Zeit wirksam geblieben ist, aller modernen Wissenschaft zum Trotz. Tiere haben ein Herz, aber dennoch kein »Herz«. Oder anders gesagt: Tiere haben ein Herz, aber keine Seele, und damit ist ihr Herz kein wirkliches Herz.

Aus diesen Gründen meinen wir, wenn wir vom Herzen sprechen, stets nur das menschliche Herz – und meinen damit insgeheim unsere Beseeltheit, unsere Fähigkeit zu Gefühlen aller Art, kurz: unsere Personalität. Doch das ist nicht nur den Tieren gegenüber ungerecht, sondern uns selber gegenüber unredlich. Vielmehr müssen wir zugeben: Herz ist Herz, und die Unterschiede, die zwischen einem Hasen-, Affen-, Schweine- oder Menschenherz bestehen, sind nur gradueller, nicht prinzipieller Art. Der ganze, viele tausend Jahre währende Zauber, der ums Herz gemacht wurde, war nicht viel mehr als ein großartiger Zaubertrick, der mithalf, den Menschen als »Krone der Schöpfung« zu etablieren.

Längst ist es an der Zeit, auf diesen Trick nicht mehr hereinzufallen, so bezaubernd er auch sein mag, und nüchtern festzustellen: Das Herz ist ein Organ, mag es auch aus verschiedenen Gründen *das* Organ der Organe sein. Doch dabei stehen zu bleiben wäre auch falsch. Denn andererseits gilt, dass der Mensch mehr ist als nur die Summe seiner Körperteile, mehr auch, als nur das lebendige Zusammenwirken aller seiner Organe. Der Mensch ist in der Lage – und allein darin unterscheidet er sich grundsätzlich vom Tier –, sich selbst und die Welt zu reflektieren und seine Stellung in der Welt philosophisch, religiös, naturwissenschaftlich oder sonst wie zu hinterfragen. Der Mensch hat ein Bewusstsein nicht nur von sich, seinem Dasein in der

Welt, sondern ebenso von der Endlichkeit dieses Daseins. Diese geistige Qualität, die ihm allein unter allen irdischen Lebewesen eigen ist, verdankt er nicht seinem Herzen oder seiner Lunge, sondern allein seinem *Gehirn*. Es ist das einzige Organ, das den Menschen über das Tier erhebt. Das Gehirn ist der wahre Sitz unserer Humanität und damit unserer menschlichen Seele.

Nun haben freilich Tiere ebenfalls ein Gehirn. Doch dessen Leistung liegt, selbst bei den Menschenaffen oder Delphinen, weit unter der des menschlichen Gehirns. Allein hier, im Geistig-Seelischen, hat die Evolution einen breiten Graben zwischen Mensch und Tier gezogen. Das bedeutet jedoch nicht, dass man den Tieren, ebenso wenig den Pflanzen, eine Seele absprechen muss. »Seele« ist so oder so ein sehr weiter und vager Begriff – ein Rätsel. Doch man kann wohl davon ausgehen, dass, je nach Art des Tieres, sein Seelisches mehr oder weniger einfach sein wird im Vergleich zur Seelentiefe, die einem Menschen, freilich nicht allen, möglich ist.

Beispielsweise unterscheiden sich die Gehirne von Mensch und Schimpanse, was ihre Leistungsfähigkeit betrifft, enorm voneinander, während alle übrigen Organe, auch das Herz, nur wenig differieren. Mehr noch: Nicht nur das Herz eines Affen ist von dem eines Menschen kaum zu unterscheiden, sondern das gilt ebenso für das Herz eines Schweines, Hundes oder anderen größeren Säugetiers.

Zugegeben, die Art und Weise, wie wir gleich zu Beginn dieses Buches den Gegenstand desselben entzaubert haben, hat etwas Brutales: Das Herz – nur ein Organ unter anderen, zwar lebenswichtig, aber nicht lebenswichtiger als andere Organe auch. Es verdient somit gar nicht die Aufmerksamkeit, die es seit Jahrtausenden in den Kulturen der Welt erfahren hat und immer noch erfährt. Damit könnten wir, kaum dass wir begonnen haben, gleich wieder enden und das menschliche Herz dort liegen lassen, wohin wir es mit ein paar Sätzen gestoßen haben: auf den harten Boden der wissenschaftlichen Tatsachen. Dort läge dann das Menschenherz neben Schimpansen- oder Schweineherz, austauschbar, um nicht zu sagen: transplantierbar.

An dieser Tatsache gibt es nichts zu rütteln. Längst hat die Medizin den Beweis dieser Austauschbarkeit erbracht. Ein Mensch wäre auch mit einem transplantierten Schimpansenherzen zumindest eine Zeit lang lebensfähig und seine geistig-seelische Identität als Mensch bliebe von diesem Herzaustausch weitgehend unberührt.

Und doch – das Menschenherz ist mehr, viel mehr als ein Schimpansen- oder Pavianherz, und zwar aus einem einzigen Grund: weil es in einem Menschen schlägt. Spätestens an diesem Punkt kommen Moral und Ethik ins Spiel. Jedes Herz, das in einem Menschen schlägt, ist ein menschliches Herz. Diese tautologische und an sich sinnlose Wendung bekommt in unserer Zeit eine ungeheure Brisanz; sie wird gleichsam zum Brennpunkt eines medizinisch-ethischen, vor allem auch eines religiösen Problems. Mit strenger Konsequenz folgt daraus, dass auch ein in einen Menschen verpflanztes Schweineherz zu einem menschlichen Herzen werden würde von dem Moment an, da es in einem Menschen schlägt. Selbst ein künstliches Herz aus Plastik wird zum menschlichen Herzen, sobald es in einen Menschen verpflanzt wird und ihn am Leben erhält.

Diese Schlussfolgerung ist kein verstecktes Plädoyer für die Verpflanzung tierischer oder künstlicher Organe. Aber durch sie wird deutlich, dass unsere menschliche Identität von einem Herzwechsel weitgehend unberührt bleibt, jedenfalls weniger beeinflusst wird als etwa von einer umfassenden chirurgischen Veränderung des Gesichts oder gar der operativen Umwandlung des Geschlechts. Die Identität eines Menschen ist tiefgreifend veränderbar – und in letzter Konsequenz zerstörbar – allein durch Eingriffe am Gehirn. Der Austausch des Gehirns käme dem Austausch der Persönlichkeit gleich, dem Austausch der Seele. Doch das gehört in die Horrorabteilung der Sciencefiction und soll uns hier nicht interessieren.

Die Sprache des Herzens

Wie so viele andere Mythen auch, trägt der uralte Mythos »Herz« in der Moderne nicht mehr. Nicht über das Herz finden wir den Zugang zum spezifisch Menschlichen, zu Emotion und Intellekt, zu unserer geistig-seelischen Totalität bis hin zur Transzendierung unseres Seins ins Religiöse und Ewiggültige. Nein, das alles verdanken wir, wie erwähnt, jenem Organ, das gewiss nicht zufällig alle anderen überragt, ganz oben sitzt im Kopf, hinter dem Gesicht, durch das wir den anderen – und uns selbst – erst als einmaliges Individuum erkennen. So hat die Natur auch unsere Sinnesorgane ganz nah am Gehirn platziert, als solle damit die enge Verbundenheit zwischen unserer Sinnlichkeit und Geistigkeit bekundet werden. Sehen, hören, riechen, schmecken, also unsere Wahrnehmung der Welt, ist direkt dem Gehirn vorgelagert. Unser Gehirn, und nicht etwa unser Herz, ist über die Sinnesorgane mit der äußeren Welt verknüpft. Und unter den Sinnesorganen gebührt den Augen der höchste Rang.

Das Licht hat einen höheren Stellenwert als etwa der Schall. Deshalb ist die Erfahrung der Welt vor allem eine Lichterfahrung. Der Kosmos ist grundsätzlich ein Licht-Kosmos. Was wir über den Kosmos wissen, hat fast ausschließlich mit Lichtinformation zu tun. Das Auge ist mehr als nur ein bloßes Sinnesorgan, es liefert dem Gehirn nicht nur optische Information, sondern es lässt viel von dem, was in unserem Gehirn – oder besser: in unserer Seele – geschieht, nach außen dringen. Nicht umsonst werden die Augen als Spiegel der Seele bezeichnet, was man freilich nicht überbewerten sollte. Einem Mörder sieht man nicht an, dass er ein Mörder ist. Schöne Augen bedeuten nicht, dass man in jedem Fall eine schöne und gute Menschenseele vor sich hat. Augen können auch täuschen.

Und doch nehmen wir, wenigstens zu einem Teil, die Persönlichkeit eines anderen Menschen über seine Augen wahr, und wir versetzen diese selbst in den Kopf, ein gutes Stück hinter die Mitte der beiden Augen. Von dort sieht uns nicht nur die Person, sondern die Persönlichkeit an, mit liebevollen, seelenvollen, misstrauischen, verstehenden, zweifelnden, zornigen oder hasserfüllten Blicken. Es ist, als gingen vom Auge Sehstrahlen aus, je nach Seelenlage mit unterschiedlichen Energien oder Wellenlängen. Man denke nur an die »leuchtenden Augen«, mit denen uns ein Kind »anstrahlt«, wenn es sich freut. Rein physikalisch geht von einem »strahlenden« Auge nichts aus – jedenfalls nichts, was messbar wäre. Und doch wird kein fühlender Mensch abstreiten, dass hier die Seele des Kindes über die Augen den Weg nach außen findet.

Ein Teil der menschlichen Gefühle lässt sich also an den Augen ablesen. Und wenn das Auge bricht, dann ist der Mensch gestorben. Das gebrochene Auge starrt gleichsam in die Leere, die sich vor ihm auftut als zeitloser, absoluter Stillstand. Doch auch die Haut gibt Kunde von Seelenzuständen. So kann unsere Gesichtshaut aus Scham oder Schüchternheit erröten und teilt damit mit, was wir so gern verborgen gehalten hätten – die Haut als Spiegel der Seele.

Und das Herz? Man sagt, dass auch das Herz ein Auge hat, dass wir mit dem Herzen empfinden, Dinge spüren, die kein Sinnesorgan wahrzunehmen vermag, dass wir am meisten Mensch sind, wenn wir »herzlich« sind. Aber auch das ist nicht mehr als ein zum Sprichwort geronnener Überrest der alten Herzmythen. Denn mit kaum weniger Berechtigung könnten wir sagen, dass der Magen oder der Darm ebenfalls ein Auge haben, dass wir auch mit diesen Organen so manches empfinden. Oder mit der Speiseröhre – etwa dann, wenn uns vor Schreck das Wort oder das Lachen im Halse stecken bleibt.

»Mit dem Herzen fühlen« oder »Vom Bauch heraus entscheiden« sind Redewendungen, die letztlich nur besagen, dass sich bestimmte Gedanken und Gefühle über das vegetative Nervensystem auf die Funktion von Organen auswirken können. Es sprechen dann nicht die Organe selbst, sondern das Gehirn bedient sich ihrer als eine Art Sprachrohr. Die Organe werden zu Mitteilungsorganen, wobei dem Herzen in der Tat die Rolle eines Zentralorgans der menschlichen Seelentätigkeit zukommt. Doch es erzeugt nicht selbst die Gefühle, es macht sie nur körperlich fühlbar. Die Emotionen entstehen im Gehirn, nirgendwo sonst. Ein bestimmtes Areal des Gehirns, als limbisches System bezeichnet, ist hauptsächlich für unsere Emotionen zuständig, ebenso für unsere Aufmerksamkeit.

Was das Herz heraushebt gegenüber anderen Organen, ist seine Spürbarkeit, sein buchstäbliches *Pochen auf Reso-*

nanz. Es reagiert schneller und heftiger auf unterschiedliche Erregungen bestimmter Gehirnareale, eben weil es eine starke Eigenbewegung besitzt. Und diese Bewegung des Herzens empfinden wir als seelische Bewegtheit. »Das bewegt mich« sagen wir und meinen eigentlich: Mein Herz zeigt gesteigerte Muskelbewegung. Diese besondere Fähigkeit des Herzens hat ihm in früherer Zeit seine besondere Stellung unter den Organen eingetragen – und diese Stellung wirkt bis heute fort. Das Hirn hingegen spürt man nicht.

Nun aber genug der gedanklichen Herzdemontage! Aus einem einzigen, jedoch bedeutsamen Grund behält das Herz seine zentrale Stellung im Organismus: als schlagendes Organ. Denn dadurch nimmt das Herz das Maß der Zeit. Das Herz ist die Uhr unter den Organen. Die Zeit aber ist jene kosmische Dimension, die uns, anders als der Raum, besonders rätselhaft erscheint. Im Erleben der Zeit erwacht in uns das Urgefühl der Sehnsucht, und in dieser Sehnsucht wird die Seele sich ihrer Einsamkeit bewusst. Es ist die Sehnsucht nach dem Ziel des ganzen Werdens und Vergehens, die Sehnsucht nach Verwirklichung dessen, was in uns als Möglichkeit aufscheint, die Sehnsucht nach vollkommener Entfaltung des eigenen Seins.

Das Rätsel der Zeit weckt jedoch auch Angst in uns, weil es ein unheimliches, da unlösbares Rätsel ist. Vergangenheit und Zukunft haben, anders als Oben und Unten als Kategorien des Raumes, eine schicksalsschwere Bedeutung. In der Gegenwart – und sie ist nichts anderes als dieser Herzschlag jetzt – fühlen wir das Verrinnen nicht nur der Zeit, sondern unseres Daseins in ihr. Mehr noch: Es ist nicht die Zeit, die vergeht – wir vergehen, und die Zeit bleibt. Wir sehen, wie unser Herzschlag augenblicklich zu Vergangenheit wird, noch ehe wir ihn gedacht haben, und wie in dieser Vergangenheit unsere Vergänglichkeit liegt.

Im Herzschlag, der das Zeitmaß nimmt, verbirgt sich die Wurzel unserer ewigen Angst vor dem Unwiderruflichen, dem Erreichten, dem Endgültigen, dem Ausgeschöpften. Es ist die Angst vor jenem Augenblick, da das Mögliche für uns verwirklicht, das Leben erfüllt, das Ziel erreicht ist. Im Herzschlag spüren wir eindringlich – nämlich körperlich – dieses unfassbare Wesen der Zeit: Schlag auf Schlag wird Zukunft in Vergangenheit verwandelt.

Gehirn, Auge, Herz – das sind die drei Organe, die uns vor allem mit dem kosmischen Ganzen verbinden. Das Auge erfasst den Raum, das Herz die Zeit, und das Gehirn sucht nach dem Sinn dieses Raum-Zeit-Ganzen. Erst im komplexen Zusammenspiel mit unserem einzigartigen Gehirn gewinnen auch Organe wie Herz, Auge oder Lunge ganz besondere Qualitäten: Sie werden zu Organen unseres geistigen In-der-Welt-Seins; das Gehirn transzendiert ihre rein biologischen Funktionen.

Mit dem Herzen nahm der Mensch schon die Zeit wahr, noch ehe er Uhren kannte. Das Herz ist die menschliche Ur-Uhr. Durch diese lebendige Uhr sind wir verbunden mit der kosmischen Zeit, denn unsere Lebenszeit schlägt im Takt der Weltzeit. Die kosmische Zeit aber ist nichts Absolutes und Unveränderliches, wie man meinen könnte, sondern etwas Relatives, wie wir seit Einstein wissen. Sie hängt stets davon ab, wo sich die Uhr, die die Zeit misst, befindet und mit welcher relativen Geschwindigkeit sie sich bewegt. Befindet sich die Uhr zum Beispiel auf einem besonders massereichen Körper, so geht sie, relativ zu einer Uhr auf einem weniger massereichen Körper, langsamer.

Konkret: Nach den Gesetzen der Relativitätstheorie würde ein und dieselbe Atomuhr auf der Erde schneller gehen als auf der Sonne. Einstein errechnete, dass eine Zeitsekunde auf der Sonne 1,000002 Erdsekunden entspricht. Masse dehnt die Zeit. Und auch Geschwindigkeit dehnt die Zeit. Je mehr die Geschwindigkeit einer bewegten Uhr jener des Lichts nahe kommt, umso langsamer tickt sie relativ zu einer anderen, weniger schnell bewegten Uhr. So ist die Zeit, die wir auf unserer Erde mit Uhren messen, von der Größe der Erde abhängig und von der Geschwindigkeit, mit der sich die Erde durch den Kosmos bewegt. Zeit ist eine abhängige Größe.

Für unser Dasein auf der Erde, für unser Zeitempfinden, ist natürlich die Eigendrehung der Erde von größter Wichtigkeit. Durch sie erhält das Leben auf diesem Planeten seinen Grundrhythmus. Ein Tag, also die Zeitspanne zwischen zwei Sonnenauf- oder Sonnenuntergängen, ist das unveränderliche Grundmaß für unser Zeitgefühl. Die Erde »tickt«, wenn man so will, einmal alle vierundzwanzig Stunden. Mit den Uhren, die der Mensch im Lauf seiner Zivilisationsgeschichte entwickelt hat, angefangen von den Sonnenuhren über die mechanischen Uhren bis hin zu den modernen Atomuhren, wird versucht, die grobe Zeiteinheit »1 Tag« in kleinere Intervalle zu zerstückeln. Uhren sind Zeitzerstückler. Je feiner die Zeitzerstückelung ist, umso genauer geht eine Uhr. An einer Sonnenuhr kann man die Stunden ablesen, also Einheiten von einem Vierundzwanzigstel eines Tages. Alte mechanische Uhren waren in der Lage, Minuten anzuzeigen, moderne mechanische Uhren geben auch die Sekunden wieder, also immerhin 1/86400 eines Tags. Doch längst sind wir mit Uhren vertraut, die Hundertstel oder Tausendstel einer Sekunde anzeigen.

Für unser menschliches Zeitempfinden ist jedoch das Sekundenintervall von grundlegender Bedeutung – neben dem Tagintervall, das durch den Sonnenlauf gegeben wird. Das Zeitintervall »1 Tag« verbindet uns mit dem äußeren Kosmos, das Zeitintervall »1 Sekunde« mit unserem inneren Kosmos. Auf diese Weise stehen wir an der Schnittstelle zweier Kosmen. Sowohl die Zeiteinheit »Tag« als auch die Zeiteinheit »Sekunde« können wir körperlich fühlen. Den Tag fühlen wir über den Sonnenlauf am Firmament, die Sekunde fühlen wir über den Herzschlag.

Interessant ist hierbei ein Forschungsexperiment zum Tag-Nacht-Rhythmus: 130 Menschen brachten eine Zeit lang in einer Höhle zu – ohne das geringste Tageslicht, ohne Uhren. Am Ende hatten alle einen 25-Stunden-Rhythmus angenommen. Es ist unklar, wieso ihr Tag eine Stunde länger war als eine Erdumdrehung. Eine originelle Schlussfolgerung daraus lautet, dass die menschliche Gattung womöglich gar nicht auf der Erde entstanden ist, sondern auf einem anderen Planeten, dessen Tageszyklus 25 Stunden betragen hat. Doch das sind esoterische Spekulationen, denen eine wissenschaftliche Grundlage fehlt.

Eine Sekunde entspricht in etwa der Zeitspanne zwischen zwei Herzschlägen eines geistig und körperlich in Ruhe befindlichen Menschen. Dass das Herz eines ruhenden Menschen ungefähr einmal pro Sekunde schlägt, ist gewiss kein Zufall. Wahrscheinlich geht die Sekunde als grundlegende Zeiteinheit auf den menschlichen Herzschlag zurück.

Das Jetzt oder das Augenblickliche empfinden wir als etwas »Sekündliches«. Der Münchner Neurophysiologe Ernst Pöppel hat herausgefunden, dass das menschliche Bewusstsein lediglich eine Zeitspanne von maximal drei Sekunden als Gegenwart empfindet. Was länger als etwa drei Sekunden zurückliegt, wird der Vergangenheit zugeordnet. Streng physikalisch ist das Jetzt jedoch nicht festlegbar, da selbst der kürzeste Augenblick in unendlich viele kleinere Zeitintervalle zerlegt werden kann.

Unser Zeitempfinden ist also direkt an unsere Herzfrequenz gekoppelt. Der Zufall wollte es, dass man Frequenzen in der Physik in »Hertz« ausdrückt, eine physikalische Einheit, die nach dem Physiker Heinrich Hertz benannt ist. Ihm gelang als Erstem die Erzeugung und der Nachweis elektromagnetischer Wellen sowie deren Übertragung von einem Schwingkreis auf einen andern. 1 Hertz, so könnte man sagen, ist identisch mit der Frequenz eines ruhig schlagenden Erwachsenenherzens. Denn die Periodendauer (= Schwingung) zwischen zwei Herzschlägen beträgt, wie bereits erwähnt, 1 Sekunde. 1 Hertz ist 1 Schwingung pro Sekunde, kurz: $1 \text{ Hz} = 1 \text{s}^{-1}$. Übrigens schlägt ein Schweineherz, von dem wir eingangs sprachen, genauso schnell wie ein Menschenherz, wie ja überhaupt der Organismus des Schweines dem des Menschen sehr ähnlich ist.

Mit der Geheimuhr des Herzens sind wir also an die kosmische Zeit unseres Heimatplaneten gekoppelt, an dessen Drehung um sich selbst und seine Bewegung um die Sonne. So wäre unser Zeitgefühl gewiss ein anderes, wenn unsere Herzuhr anders ginge, wenn sie nicht einmal pro Sekunde, sondern vielleicht nur einmal pro Minute schlüge oder, im Gegensatz dazu, gleich zehnmal pro Sekunde: Das eine Mal hätten wir das Zeitgefühl eines Murmeltiers im Winterschlaf, das andere Mal das einer Maus oder eines Sperlings.

Dass die Sonne sich mit ihren Planeten durch die Milchstraße bewegt und diese wiederum um sich selber rotiert und sich dabei auf andere Galaxien zu- oder von ihnen fortbewegt, das kann man, bezogen auf die menschliche Existenz, getrost vergessen. Dafür sind die Zeiträume, um die es dabei geht, viel zu groß. Unsere Milchstraße beispielsweise benötigt für eine Drehung um sich selbst etwa 200 Millionen Jahre. Unsere galaktische Uhr »tickt« demzufolge nur einmal in diesem langen Zeitraum.

Der ganze Kosmos ist voll mit Uhren, und jede geht anders. Das Universum hat unendlich viele Zeitmaße, entsprechend den Objekten, die in ihm existieren. Im Grunde kann jedes einzelne Atom als eine Uhr betrachtet werden, insofern es eine ganz bestimmte, extrem genaue Eigenschwingung besitzt, je nachdem, welchem Element es angehört und in welchem energetischen Zustand es sich befindet. So schwingt zum Beispiel ein Wasserstoffatom mit der Frequenz von 1420 Megahertz. Das heißt: Pro Sekunde gehen 1,420 Milliarden Lichtwellen von ihm aus. Auf der 13. Konferenz für Maße und Gewichte im Jahre 1967 wurde die Sekunde als die Zeitdauer von 9.192.631.770 Schwingungen des Caesiumatoms definiert.

Das Universum bedeutet nichts anderes als die Summe von Bewegungen und Rhythmen unzähliger Objekte innerhalb einer raumzeitlichen Ganzheit. Der gesamte Kosmos ist rhythmisch: ein stetes Fließen rhythmischer Prozesse in unendlicher Wiederholung, unendlicher Brechung, Überlagerung, Durchdringung und Umwandlung. Rhythmisch ist das Raum-Zeit-Geschehen schlechthin, denn rhythmisch verschmelzen Raum und Zeit zur Raumzeit, jener vierdimensionalen Ganzheit, aus der der Kosmos »gewebt« ist. Dieses elastische Gewebe wird durch das Licht als einziger absoluter Größe im Universum zusammengehalten. Licht aber ist nichts anderes als rhythmische elektromagnetische Schwingung.

Wegen dieser Verschmelzung von Raum und Zeit hängt letztlich alles mit allem zusammen. In diesem rhythmischen Kosmos schwingen wir mit, schwingen die Atome mit, aus denen wir bestehen. Und alle diese Atome sind zu 92 Prozent in den extrem heißen Zentren von Sternen beziehungsweise bei der Explosion von alten Sternen entstanden. Wir sind Sternenwesen im wahrsten Sinne des Wortes: aus Sternenstaub gemacht!

Und doch bleibt all das sehr abstrakt. Allein im Pochen, Zucken und Schwingen des Herzens fühlen wir unsere Verbundenheit mit dem kosmischen Schwingen, dessen sichtbarer Teil als Leuchten der Gestirne zu uns dringt.

Die Frauen freilich haben noch ein anderes Organ, das sie einen ganz bestimmten kosmischen Rhythmus spüren lässt: der Uterus, der unabhängig von der Willenskraft einen autochtonen Rhythmus befolgt. Er ist mit dem Rhythmus des Mondes gekoppelt. Uterus heißt im Griechischen »hystéra«, wovon sich das Wort »Hysterie« ableitet. Diese Geistesstörung, so glaubte man früher, werde dadurch ausgelöst, dass der Uterus sich »auf Wanderschaft« begibt, das heißt seine Lage im Unterleib der Frau verändert. Darin drückte sich eine gewisse Autonomie dieses Organs aus, ähnlich wie beim Herzen. Was die Hysterie betrifft, so wurde geflissentlich übersehen, dass auch Männer hysterisch sein können. Noch Freud hielt die Hysterie für eine ausschließlich Frauen betreffende seelische Störung. Mag sein, dass die Männer der Antike dieses Leiden tatsächlich nicht kannten.

Wenn man so will, dann besitzen Frauen mit der Gebärmutter eine zweite innere Uhr, deren Gang lunar geeicht ist. Wie der Mond, so »tickt« der Uterus – sofern er nicht verstimmt ist – einmal in 27 Tagen. Der Mond »tickt« dabei gleich in doppelter Hinsicht: Er umrundet in 27 Tagen, 7 Stunden und 43 Minuten einmal die Erde und dreht sich in exakt der gleichen Zeit einmal um sich selbst.

Der Herzrhythmus – und bei der Frau auch noch der Uterusrhythmus – geht also weit über das rein Körperhafte hinaus. Er greift in die Sphäre des Tages-, Monats- und Jahresrhythmus und damit in die Lebensrhythmen schlechthin. Sind unsere inneren Rhythmen gestört, so fühlen wir uns nicht nur uneins mit uns selbst, sondern gleich mit der ganzen Welt. Die inneren Uhren gehen mit den kosmischen nicht mehr synchron.

Der gestörte Schwingkreis des Herzens

So wie Tier und Pflanze lebt auch der Mensch in vielen verschiedenen Rhythmen und Perioden, von denen der Tag-Nacht-Rhythmus gewiss der wichtigste ist. Ihm entsprechen zahlreiche organische Rhythmen. Da ist zum Beispiel der Körpertemperaturrhythmus, der Sauerstoffverbrauchszyklus, der Nierenausscheidungszyklus oder die Zyklen des Schmeckens, Riechens und Hörens. So hat etwa die Leber vorwiegend eine Nachtfunktion, die Niere zeigt eine Tagesperiodizität, die Milz eine Vierstundenperiode. Der Hypothalamus des Gehirns steuert die rhythmische Schwankung der Körpertemperatur um etwa 0,8 bis 1,1 Grad Celsius, wobei die niedrigste Temperatur während des Schlafs und die höchste am Nachmittag auftritt. Wenn man bis spät in die Nacht in einem Buch liest oder vor dem Fernsehapparat sitzt, spürt man, wie einem kalt wird und man nach einer Zudecke verlangt. Das ist ein Zeichen, dass sich der Temperaturzyklus auf die Schlafenszeit eingestellt hat.

Beim Sauerstoffverbrauch der Körperzellen ist es ähnlich: Selbst wenn man den ganzen Tag stillsitzt, zeigt der Körper eine rhythmische Schwankung im Verbrauch von Sauerstoff. Die Nieren arbeiten gewöhnlich tagsüber stärker und schränken nachts ihre Aktivität ein. Der Geruchs- und Geschmackssinn, ebenso das Gehör, sind am Morgen in der Regel abgestumpft, am späten Nachmittag und am Abend hingegen wach. Das ist auch der Grund, weshalb wir zum Frühstück eher zu einfacher Nahrung neigen, während wir zu Mittag und Abend vielfältigere Speisen, die gut gewürzt sind, vorziehen.

So, wie der Tag-Nacht-Rhythmus hin und her schwingt zwischen Wachen und Schlafen, der Hinwendung zur Welt und dem Rückzug von ihr, dem Sich-Öffnen und dem Sich-Verschließen, so schwingen auch unsere körperlichen Rhythmen, allen voran Herzschlag und Atmung, zwischen Öffnen und Schließen, Ausdehnen und Zusammenziehen, Aufnehmen und Entäußern, hin und her. Beim Herz ist dies der Rhythmus zwischen Systole und Diastole, das heißt des Zusammenziehens und Erschlaffens des Herzmuskels. Wirkt ein Erlebnis unmittelbar und heftig auf uns ein, so ziehen wir ganz von selbst die Luft ein und halten sie an: Es verschlägt uns den Atem. Setzen wir uns in Distanz zur Welt, etwa im Lachen, so atmen wir befreit aus.

Unser Verhältnis zur Welt – und zu uns selbst – schwingt beständig in diesem Rhythmus: Im Einatmen erlebt man intensiver die Welt, im Ausatmen spürt man stärker sich selbst. Am Tage wenden wir uns der Welt zu, sofern sie uns nicht abstößt, wirken auf sie ein, beobachten sie, reflektieren sie, arbeiten in ihr. In der Nacht wenden wir uns ab von der Welt, kehren in Schlaf und Traum – und damit ins Innerste unserer Seele – ein, regenerieren unsere Geistes- und Körperkräfte. Darin spiegelt sich auch der große Rhythmus der Jahreszeiten: Erwachen und Aktivität im Frühling und Sommer, Erschlaffen und Ruhen im Herbst und Winter.

In gewisser Weise manifestieren sich alle organischen Bewegungen durch Diastolen und Systolen, wie schon Goethe bemerkt hat. Selbst die Gehirntätigkeit vollzieht sich rhythmisch. Das zeigt sich zum Beispiel im Wechsel von »Inspiration« und »Exspiration«, wie er vor allem in der geistigen, künstlerischen Arbeit zutage tritt: »Inspiration« als geistiges Einatmen, »Exspiration« als geistiges Ausatmen, das heißt Sich-Ausdrücken.

Auch die modernen Gehirnforscher konzentrieren sich bei ihrer Suche nach der »Sprache« der Nervenzellen zunehmend auf die Zeitstruktur. Bereits vor zehn Jahren fand zum Beispiel Wolf Singer, der Direktor am Frankfurter Max-Planck-Institut für Hirnforschung, heraus, dass Nervenzellen im Sehbereich des Gehirns von Katzen rhythmisch zu schwingen begannen, sobald man ihnen einen schwarzen Balken zeigte. Rhythmische Schwingungen von Nervenzellen, so weiß man heute, sind ein wichtiges Organisationsprinzip des Gehirns. Nervenzellen »feuern« im Takt, man könnte auch sagen: sie sind musikalisch aktiv. Dabei reagiert jedoch keine der hundert Milliarden verknüpften Nervenzellen des Gehirns wie die andere. Und bei »hundert Milliarden« denkt man unwillkürlich daran, dass dies auch die Anzahl der Sterne in unserer Milchstraße ist und die Anzahl der Galaxien im Universum.

Freilich – in unserem modernen Leben handeln wir fortwährend gegen diesen natürlichen Rhythmus: Oft gibt es Nächte voller Aktivität und Arbeit, und dann holen wir uns, wenn möglich, den nötigen Schlaf bei Tage. Oft lässt uns die Geschäftigkeit des Tages auch nachts nicht los und wir finden keinen Schlaf. Zwar kennt auch die Tier- und Pflanzenwelt die Aktivität bei Nacht, aber sie basiert auf anderen Gesetzen und Rhythmen. Dem Menschen jedoch scheint das ständige Durchbrechen des natürlichen Rhythmus schlecht zu bekommen, denn es hat die typischen gesundheitlichen Beeinträchtigungen zur Folge: der aus dem Rhythmus gekommene Herzschlag, der stolpernde Kreislauf, das gebrochene Herz im so genannten Infarkt. Doch auf gestörte Herzrhythmen und gebrochene Herzen wollen wir in Kapitel 5 zurückkommen.

Es scheint ein kosmisches Prinzip zu sein, dass Rhythmen, Schwingungen und Frequenzen dazu da sind, gestört zu werden, einander zu überlagern, abzuschwächen oder aufzuschaukeln. Selbst kosmische Rhythmen, die uns auf ewige Zeit unveränderlich erscheinen, unterliegen Schwankungen. Nehmen wir zum Beispiel die Eigenrotation der Erde, die unser Leben in den Grundrhythmus von Tag und Nacht einbettet: Sie weist gewisse, wenn auch minimale, Unregelmäßigkeiten auf. Beispielsweise verlangsamt sich die Erdrotation durch so genannte Gezeitenreibung, die an den flachen Randmeeren auftritt. Dadurch nimmt die Tageslänge pro Jahrhundert um 0,0016 Sekunden zu. Für einen urzeitlichen Vorfahren, der vor 1 Million Jahren gelebt hat, war deshalb ein Tag 16 Sekunden länger als heute.

Hinzu kommen Schwankungen in der Erdrotation, die durch Massenverlagerungen im flüssigen Erdinnern verursacht werden. Diese verleihen der Erdkugel eine sich ständig ändernde Unwucht. So dreht sich die Erde über Jahrzehnte hinweg mal etwas schneller, dann wieder etwas langsamer. Diese Schwankungen können sich im Laufe mehrerer Jahrzehnte zu beträchtlichen Abweichungen »aufsummieren«. Darüber hinaus treten noch jahreszeitlich bedingte Rotationsschwankungen auf, die durch Luftmassenverlagerungen, Abschmelzvorgänge an den Polen und den herbstlichen Laubabfall verursacht werden.

Nicht zuletzt wirken auch die anderen Planeten und der Erdmond mit ihrer Schwerkraft auf die Erde ein: Die Form der Erdbahn um die Sonne variiert mit einer Periode von etwa 100.000 Jahren zwischen einer mehr oder weniger stark ausgeprägten Ellipse. Außerdem pendelt die Neigung der Erdachse relativ zu ihrer Umlaufbahnebene alle 40.000 Jahre zwischen 23 und 24 Grad. Und schließlich torkelt die Erdachse auch noch im Verlauf von etwa 25.000 Jahren um eine imaginäre Mittelachse herum, ähnlich wie ein Kreisel, dem man seitlich angetippt hat. Alle diese Phänomene haben zur Folge, dass die Sonne die Erdoberfläche in einem langsam sich ändernden Winkel bescheint, was unter anderem zu Klimaschwankungen führt.

Nun geschehen diese kosmischen Rhythmusbrechungen in Zeiträumen, die, bezogen auf ein Menschenleben, nicht von Bedeutung sind. Das »Eiern« der Erdachse wird auf unser Zeitempfinden gewiss keinen Einfluss haben. Aber wer weiß, ob es nicht auf unmerkliche Weise in unsere zellularen Lebensrhythmen hineinwirkt oder auf einer subtilen geistigen Ebene seine Spuren hinterlässt?

Alles in allem sind es jedoch weniger die Schwankungen in den großen kosmischen Rhythmen, die den Gang unserer inneren Uhr beeinflussen, als vielmehr die Lebensrhythmen auf der Erde selbst, genauer: der »Frequenzsalat« unzähliger Tempi, der beständig auf uns einströmt. Der Rhythmus des

Herzschlags wird pausenlos gebrochen durch die übereinander gelagerten und durcheinander gehenden Rhythmen des modernen Lebens. Wo Schwingungen aufeinander prallen, da kommt es zu Interferenzen, also Überlagerungen und Brechungen von Wellenbewegungen. Unsere moderne Zeit ist nicht nur eine Zeit des gesteigerten Tempos, sondern der permanenten Rhythmusbrechung. Der Zeitpuls fliegt nicht nur – er rast. Er rast jedoch nicht gleichmäßig, sondern zappelnd, zuckend, zitternd. Das »Z« drückt dies symbolhaft aus.

Der Atem- und Pulsrhythmus gerät fortwährend in Dissonanz mit den Alltagsrhythmen. Herzschlag und Atmung kommen aus dem Takt. Der Puls reagiert unmittelbar auf jede äußere Stimulanz, sei sie akustischer, optischer oder taktiler Art, auf jede körperliche Bewegungsänderung und auch auf jede emotionale Erregung, sei sie positiv oder negativ. Selbst wenn der Körper nicht direkt angestrengt wird (wie bei einer gefährlichen Situation im Straßenverkehr), lebt der Puls die Situation mit. Die seelische Beanspruchung kann mit einer so genannten Polygraph-Aufnahme visualisiert werden, wobei der Moment der Beanspruchung als Ausschlag sichtbar wird, sowohl was die Blutdruckkurve als auch jene von Atmung und elektrischem Hautwiderstand betrifft. Wir kennen dieses Prinzip vom so genannten »Lügendetektor«, der insbesondere in den USA, aber zunehmend auch bei uns von Richtern und Gutachtern eingesetzt wird. Er dient hauptsächlich als Mittel zur Entlastung von zu Unrecht Beschuldigten. Wenn man so will, dann erlaubt der Polygraph einen indirekten Blick in die Seele eines Menschen, zumindest in jenen gröberen Bereich, der von Gehirnaktivitäten abhängig ist. Besonders starke Gefühle wie Angst, Wut, Anspannung oder Erleichterung drücken sich entsprechend stark über das vegetative Nervensystem im Herz-Lungen-Rhythmus aus.

Unsere Gefühle entstehen also nicht im Herzen oder in der Brust – sie werden dort nur gespürt. Ein beträchtlicher Teil unseres Seelenlebens manifestiert sich körperlich, und zwar in der Hauptsache durch das Fluten und Verebben des Blutes und der Atmung. In der Freude strömt das Blut in die Körperperipherie und wir spüren ein starkes Wärmegefühl. Im angestrengten Denken erwärmt das Herz unseren Kopf, im Handeln wachsen vom Herzen her den tätigen Gliedmaßen die Kräfte zu. In der Angst und im Erschrecken, ebenso im Erleben physischer und seelischer Kälte, zieht sich das Blut zum Herzen zurück und wir spüren Enge.

Auf diese Weise greifen die äußeren Lebensrhythmen direkt in unseren inneren Herz-Atmungs-Rhythmus ein. Je hektischer, chaotischer, gebrochener die Rhythmen des äußeren Lebens sind, umso schwieriger wird es, ein inneres Gleichmaß von In-der-Welt-Sein und Bei-sich-Sein aufrechtzuerhalten, also ein Gefühl des Wohlbefindens. Wenn die Dissonanzen zwischen den äußeren Lebensrhythmen und dem inneren Herzrhythmus zum Dauerzustand werden, sind körperliche und seelische Störungen und Verstimmungen zwangsläufig die Folge.

Die Musik des Herzens

Mehr noch als die Lunge, steht das Herz in ganz besonderem Maße in einem Spannungsfeld zwischen Ruhe und Bewegung, Entspannung und Erregung. Denn eine genauere Betrachtung des Herzens offenbart eine Art von doppeltem

Zeitstrom in ihm selbst. Mit diesem Zeitstrompaar geschieht bei jedem Herzschlag nichts anderes, als dass der äußere Zeitstrom (er geht von der schalenförmigen Außenwand des Herzens aus) vom inneren Zeitstrom (er geht von der ansaugenden Herzkammer aus) geschnitten und repulsiert, also gestaut wird. Mit »Herzschlag« ist dabei im strengeren Sinn die Diastole, also die Erschlaffungsphase des Herzens gemeint, bei der das Blut ins Herz einströmt.

Rein phänomenologisch betrachtet handelt es sich beim Herzen um ein physiologisches Organ der rhythmisch wechselnden Zeitstrom-Stauung. Daraus ergibt sich der Doppelschlag des Herzens: Das Herz macht nicht Bumm-Bumm, sondern Bummbumm-Bummbumm. Hierin ähnelt der Herzschlag dem Ticken der alten mechanischen Uhren, das vor allem Kinderohren zu verzücken vermochte: Horch, wie schnell das Herz der Uhr schlägt! Die modernen Quarzuhren hingegen präsentieren nur ein monotones, einsilbiges Tak-Tak, so als taste sich die Zeit mit einem Blindenstock vorwärts.

Neun Monate lang hat uns der Herzschlag unserer Mutter begleitet, Tag und Nacht – eine einfache, aber eindringliche Ursymphonie. Ursymphonie deshalb, weil der Herzschlag der Mutter zusammenklang mit unserem eigenen embryonalen Herzschlag und den Geräuschen des Magens, der Därme, der Lunge, der Sehnen und Gelenke. Musikpsychologen sind der Ansicht, dass vor allem die Herztöne der Mutter als Ursprung und Urform der Musik zu betrachten seien, denn die Töne des Herzens sind mehr als nur ein rhythmisches Klopfen. Hört man ein Herz ab, so vernimmt man einen Zusammenklang vieler verschiedener Töne und Geräusche: ein Zischen, Glucksen und Schlagen, das heißt: Flüssigkeit prallt auf Flüssigkeit, aber auch auf feste Materie, und feste Materie prallt auf andere feste Materie. Das Blut, welches von einer Herzkammer in die andere strömt, wird durch die sich kontrahierenden Muskeln hineingepresst. Es dehnt aber seinerseits auch die vor ihm liegenden Herzwände. Die Herzklappen schnappen rhythmisch und ebenfalls deutlich hörbar zu, um zu verhindern, dass das Blut zurückfließt.

Das Herz erzeugt eine in sich harmonische »Musik« in der Sphäre des flüssigen Körperinnern. Hinzu kommt, dass der Fötus auch noch fischgleich im Fruchtwasser schwimmt und dabei rhythmisch hin und her schaukelt. Muss es von daher verwundern, dass die Musik so voller »Seestücke« ist, wenn doch die erste »Musik«, die wir hören, die reinste Wassermusik, genauer: Blut- und Wassermusik ist? Diese geborgene Welt des Fötus setzt sich aus tönenden Symmetrien zusammen, aus miteinander verschmelzenden musikalischen Gestalten: Ostinato, Kanon, Ritornelle, Reprise, Rondo und Strophenform. Musik wirkt deshalb so stark und unmittelbar auf unsere Seele, weil wir in der Sphäre der Töne und Rhythmen, des Rauschens und Fließens unsere embryonale Entwicklung genommen haben. Der Herzschlag ist die erste und – weil mit dem Gefühl absoluter Geborgenheit verbunden – wohligste Melodie des Lebens. Und Musik, sofern sie symphonisch ist, sich also auf Harmonien begründet, ist die Sprache des Herzens.

Das Herz des Menschen – freilich auch das der Tiere – ist also symphonisch gestimmt. Deshalb gleicht das Hören von symphonischer Musik einem uteralen Wegtauchen und Dahintreiben – es ist ein Auf- und Niederfluten, ein tosendes Brausen, ein Anrollen in rhythmischen Wellen oder ein leises Verströmen. Musik bedeutet Regression – Ausdruck unserer Sehnsucht nach dem Mutterschoß, Ausdruck auch einer Gattungssehnsucht nach der in Urzeiten verlassenen Meerexistenz. »O sink hernieder, Nacht der Liebe, gib Vergessen, dass ich lebe, nimm mich auf in deinen Schoß, löse von der Welt mich los!«, heißt es in der Textpartitur zu Wagners »Tristan und Isolde«.

Man weiß längst, dass klassische Musik, voran die Werke Mozarts, auf Föten und Kleinkinder beruhigend wirken. Und »beruhigend« heißt, dass das Außen mit dem Innen in Einklang kommt. Herzschlag und Puls harmonieren mit dem Takt der Musik. Das Herz wird zum Metronom; sein Schlagen verschmilzt mit dem »Herzschlag« der Musik. Und so klingt auch in Isoldes mystischem Schwanengesang unser aller Sehnsucht wider, in den Schoß der ersten und wahren Wirklichkeit zurückzuflüchten: »In des Wonnemeeres wogendem Schwall, in der Duftwellen tönendem Schall, in des Weltatems wehendem All – ertrinken – versinken – unbewusst – höchste Lust!«

Aber auch das kranke Herz kann sich in musikalischen Werken niederschlagen, sofern der Komponist an einem solchen leidet. Von Beethoven weiß man, dass er nicht nur an alkoholbedingter Leberzirrhose, an Tuberkulose und Magen-Darm-Beschwerden litt, sondern auch an einem Herz-Kreislauf-Leiden. Beethoven hatte Herzrhythmusstörungen, die von Extraschlägen der Herzkammern herrührten. Aufgrund seiner Schwerhörigkeit empfand Beethoven diese Störungen der Herzschlagfolge besonders intensiv – und er vertonte sie meisterhaft, etwa in der Klaviersonate Opus 81a, betitelt mit »Les Adieux«. Auch die »Eroica« besitzt Passagen mit deutlichen Rhythmusbrechungen. Ebenso erkennt man in seiner Oper »Fidelio« zu Beginn des zweiten Akts – vor Florestans großer Arie – auffällige Rhythmen, die kardial beeinflusst sein könnten.

Diese Erkenntnisse werden inzwischen für die Therapie von Herzkranken genutzt. Herzinfarkt-Patienten finden ihren Lebensrhythmus leichter wieder, wenn ihr Arzt etwas von Musik versteht. In manchen Reha-Kliniken für Herzpatienten setzt man deshalb Musik als heilsame »Droge« ein. In der musikalischen Anamnese wird nach musikalischen Vorlieben des Patienten gefragt oder nach der Musik, die die Mutter während der Schwangerschaft gehört hat.

Das Grundprinzip der Musiktherapie heißt »Flexibilisierung«. Jedem Infarkt geht eine Phase voraus, in der die unwillkürlichen Nervensysteme den Puls auf einer starren Frequenz gleichsam einfrieren. Musik hingegen bewegt das Herz dazu, in sanften Tempowechseln zu schlagen. Es ist wissenschaftlich bekannt, dass auch Diabetiker, Nierenkranke und Angstneurotiker zu starren Herzfrequenzen neigen. Mit Hilfe der Musik können sie variieren, wieder in sich schwingen.

Musiktherapeuten arbeiten vor allem mit klassischer Musik, etwa mit Werken von Pachelbel, Bach und des erwähnten Mozart, aber auch mit Kompositionen von Satie oder mit fernöstlicher Meditationsmusik, wobei sich die Auswahl jeweils nach den musikalischen Vorlieben des Patienten richtet. Die falsche Musik zum falschen Moment kann sogar gefährliche Nebenwirkungen haben, was bestätigt, dass Musik tatsächlich als Droge zu betrachten ist, die mit großer Ernsthaftigkeit einzusetzen ist. Durch die falsche Musik können sogar epileptische Anfälle ausgelöst werden. Man weiß auch, dass zum Beispiel musikalische Aufputschmittel in amerikanischen Fitnessstudios bei manchen Menschen zu Psychosen führten.

Wenn es stimmt, dass das Herz des Menschen symphonisch gestimmt ist, dann liegt der Schluss nahe, dass es in Missstimmung gerät, wenn der Mensch sich fortwährend einer Musik aussetzt, die von Lärm, Disharmonie, ständigem Taktwechsel, chaotischer Rhythmusbrechung geprägt ist oder sich in mechanischer Monotonie selbst ad absurdum führt. Diese Art von Musik – zutreffend »Techno« genannt –, die von Lärm kaum noch zu unterscheiden ist, muss ihre innere Leere durch Lautstärke kompensieren. Dass dadurch das Gehör dauerhaft geschädigt wird, ist inzwischen medizinisch hinreichend bekannt. Doch womöglich dringt die Schädigung tiefer, nämlich buchstäblich mitten ins Herz, und zwar nicht nur der Lautstärke wegen, sondern weil die arhythmische Hektik der Musik den Herzschlag aus dem Rhythmus bringt?

Der gestörte Rhythmus dieser Musik, so der Verdacht, provoziert Herzrhythmusstörungen. Diese Hypothese steht mit der Tatsache im Einklang, dass zunehmend auch junge Menschen von Herzrhythmusstörungen, ja sogar Infarkten betroffen sind. Dafür sind gewiss vielfältige Gründe verantwortlich, doch vielleicht ist die Verwandlung der Musik in Lärm ein nicht unbedeutender Aspekt.

Wir befinden uns also in fortwährender Resonanz mit verschiedenen Schwingungsvorgängen, die teils langsamer, teils schneller, oft aber auch rasend schnell verlaufen. Unser individueller Zeitsinn ergibt sich aus der Resonanz unserer verschiedenen Körperrhythmen mit den tausendfachen Schwingungen, die auf uns einströmen. Deshalb war mit Sicherheit der Zeitsinn eines Bauern vor fünfhundert Jahren ein anderer als der eines Großstädters heute, obwohl die Uhren vor fünfhundert Jahren nicht anders gingen. Und auch die Herzen schlugen in Ruhe nicht schneller oder langsamer als heute.

Genau hier, im Begriff der »Ruhe«, liegt der springende Punkt für unsere weiteren Überlegungen: Der moderne Mensch befindet sich kaum jemals im Zustand der Ruhe, also der Unbewegtheit des Körpers und des Geistes. Die allgemeine Bewegungsarmut steht hierzu jedoch nur scheinbar im Widerspruch. Denn in seiner körperlichen Bewegungslosigkeit ist der Mensch trotzdem aufs äußerste bewegt, erregt und aufgeregt. Selbst in der äußeren Ruhe sind wir ruhelos.

Die Unruhe des Herzens

An dieser Stelle fügt sich gleichsam von selbst der Begriff »Stress« ein: Im Stress, so könnte man sagen, werden die Rhythmusbrechungen fühlbar. Physiologisch ist Stress nichts anderes als die Ausschüttung der Stresshormone, etwa von Adrenalin, Noradrenalin oder Cortisol. Diese ausgeschütteten Hormone verursachen ein Verspannen der Muskeln und Gefäße, ein Ansteigen des Blutdrucks und ein Hochschnellen der Cholesterinwerte des Blutes. Alles zusammen empfinden wir als eine starke Anspannung im Brustraum, als Herzklopfen, Kurzatmigkeit, vor allem aber als Zeitnot. Im Stress rast uns fühlbar die Zeit davon, was den Stress nur noch weiter verstärkt. Stress ist eine Art körperlich-seelisches Rückkoppelungsphänomen. Im Stress werden Herzschlag und Atmung arhythmisch. Unterschiedliche innere und äußere Rhythmen schaukeln sich wechselseitig zu einem chaotischen Schwingungsmuster auf. Im Extremfall führt das dazu, dass das Herz von einem Moment zum andern arhythmisch wird, zu stolpern, zu flimmern beginnt bis hin zum Kollaps.

Es gibt im heutigen Leben zwei Hauptfaktoren für Stress: das gesteigerte Tempo des Lebens und der gesteigerte Lärm, der wiederum durch das gesteigerte Tempo verursacht wird. Temposteigerung bedeutet Beschleunigung der Lebensrhythmen. Das müsste eigentlich dazu führen, dass wir letztlich mehr Zeit für unsere Lebenstätigkeiten zur Verfügung haben. Doch weil das Leben immer komplexer wird, ist dies nicht der Fall. Je schneller alles geht, umso schneller scheint auch die Zeit zu vergehen. Die Uhren – auch unsere innere Uhr – scheinen sich dem gesteigerten Lebenstempo anzupassen.

Wenn uns das Herz ein elementares Maß für die Zeit gibt, dann fühlen wir oft, dass die Zeit davonrast, weil der Dauerstress des modernen Lebens den Herzschlag fortwährend auf hohem Tempo hält. Das heißt: Die Zeit zwischen zwei Herzschlägen, die als eine innere Sekunde zu deuten ist, lässt bei schnellerem Herzschlag die inneren Sekunden schneller verstreichen. Im Stress »tickt« unsere Geheimuhr des Herzens also nicht mehr synchron mit den physikalischen Uhren. Das Davonrasen der Zeit ist ein reines Relativitätsphänomen zwischen unserer inneren Uhr und den äußeren Uhren. Wird Stress zum chronischen Zustand, das heißt zu einem Zustand chronischen Zeitmangels, so nimmt das Herz – und damit der Organismus als ganzer – Schaden.

Erst so wird verständlich, weshalb das Herz mehr als jedes andere Organ zum Organ unserer Zeit geworden ist, und zwar vor allem im negativen Sinn: zum typischen *Krankheitsorgan* unserer Zeit. Die meisten Menschen in den hoch industrialisierten Ländern sterben an Herz-Kreislauf-Erkrankungen, man könnte auch sagen: an chronischer Zeitdivergenz. Die Erkenntnis, dass Tempo den Organismus schwächt, ist freilich nicht neu. Schon der Arzt Christoph

Wilhelm Hufeland (1762 – 1836), der Goethe, Schiller, Herder und Wieland zu seinen Patienten zählte – und der den heute wieder aktuellen Begriff der »Makrobiotik« geprägt hat –, sprach vom »Geschwindleben« des modernen Menschen. Dabei war das Lebenstempo seiner Zeit, im Vergleich zu unserem, schneckenhaft langsam. Dennoch erkannte Hufeland im unnatürlich gesteigerten Tempo des Lebens einen wichtigen Faktor der Herzpathologie.

Aber wir können noch weiter zurückgehen: Schon Platon sah eine negative Beziehung zwischen der Geschwindigkeit des Alltags und dem organischen und geistig-seelischen Befinden. Er unterschied zwischen dem Philosophen, der Zeit hat, und den Leuten auf der agora, dem »öffentlichen Platz«, die es eilig haben. Womit er nichts anderes sagen wollte, als dass man nicht tief denken kann, wenn man gehetzt ist. Und wir können hinzufügen: dass der Gehetzte auch nicht tief fühlen kann und mit seinen Sinnen kaum etwas wahrnimmt.

Es scheint, als habe Rudolf Steiner, der Begründer der Anthroposophie, diese Einsicht Platons aufgegriffen, als er in einem Vortrag des ersten medizinischen Kurses von 1920 die Schädigung des Herzens ganz allgemein auf die gestörte menschliche Tätigkeit zurückführte, also auf chronische Rhythmusstörungen in den Lebensaktivitäten der Menschen. Rudolf Steiner meint, man solle einmal »Untersuchungen darüber anstellen, wie anders sich die Herztätigkeit gestaltet bei einem Menschen, der – sagen wir – als Bauer seinen Acker bearbeitet, und wie anders sich die Herztätigkeit gestaltet bei Menschen, die z.B. zu ihrem Berufe viel Automobil fahren müssen oder auch nur viel Eisenbahn fahren müssen ... Denn Sie werden finden, dass die Inklination zu Herzkrankheiten im Wesentlichen abhängig ist davon, ob der Mensch, während er durch ein äußeres Mittel bewegt ist, selber stillsitzt, also im Eisenbahnwagen sitzt und bewegt wird, oder im Auto sitzt und bewegt wird. Dieses passive Hingeben an die Bewegung, das ist dasjenige, was alle Prozesse, die im Herzen sich stauen, gewissermaßen deformiert.«

Freilich ist es weniger das Tempo selbst, das diese Deformation der Herzprozesse bewirkt, als der Stress, den das Tempo hervorruft. Das macht auch klar, wieso wir zum Beispiel nach einem Flug im Düsenjet körperlich und geistig so erschöpft sind, obwohl wir nur dasaßen.

Der Mensch von heute ist ständig sitzend in Bewegung, und allein in dieser paradoxen Formulierung drückt sich ein paradoxer Grundzustand modernen Lebens aus: Äußere Rhythmusstörungen führen zu Rhythmusstörungen der inneren Organe, vor allem dort, wo es sich um rhythmische Organe handelt, also bei Herz, Lunge, Niere, Blase. Aber letztlich ist der Organismus als ganzer betroffen, sofern er einem ganzheitlichen Rhythmus (Bio-Rhythmus) unterliegt.

Neben dem Tempo rückt der bereits erwähnte Lärm als Faktor der Herzpathologie immer stärker ins Blickfeld der Ursachenforschung. Lärm ist nicht mehr nur störend, sondern in hohem Maße gesundheitsschädlich. Langzeitstudien zeigen, dass – neben dem Rauchen – extreme Lärmbelästigung in Ballungsgebieten die zweitwichtigste Ursache für Herzinfarkt ist. Bereits ein dauerhafter Lärmpegel von 65 Dezibel gilt als ausreichender Wert, um ein Herz zu schädigen. Jeder sechste Deutsche lebt ständig in solch einem Lärmumfeld, wobei der Straßenverkehr als Störfaktor Nummer eins gilt.

Der Lärm von Fahrzeugen und Flugzeugen ist mittlerweile eine größere Gefahr für die allgemeine Gesundheit als deren Abgase. Die schnellsten Fortbewegungsmittel sind in der Regel auch die lautesten. Gefährdet sind vor allem die Kinder, deren Organe noch in der Entwicklung, also besonders anfällig gegenüber störenden Einflüssen sind.

Eine amerikanische Studie im direkten Einflussbereich des Münchner Flughafens »Franz-Josef-Strauß« ergab beispielsweise, dass bei Kindern, die ständig Fluglärm ausgesetzt sind, die Ausschüttung der Stresshormone schlagartig anstieg – im Gegensatz zu Kindern aus dem Münchner Umland, die ohne Fluglärm aufwuchsen. Lärmbelastung kann langfristig das Immunsystem schwächen und zu Herzkrankheiten beitragen. Weiterhin zeigte sich bei den Kindern sechs Monate nach Beginn der Lärmbelastung eine leichte, aber doch signifikante Erhöhung des Blutdrucks. Diese wiederum kann Gesundheitsschäden nach sich ziehen, denn schon leicht erhöhte Werte in der Kindheit machen Bluthochdruck im Erwachsenenalter wahrscheinlicher. Zudem äußerten die Kinder selbst, dass sich für sie die Lebensqualität im Lärmkorridor des Flughafens deutlich verschlechtert habe, während Kinder in ruhigen Gebieten sie als nahezu unverändert empfanden.

Herzensglück und Langeweile

Der lebendige Körper wird mehr und mehr als ein komplexes System von Bewegungen und Oszillationen verstanden, und die Forschung entwickelte Methoden, auf seine variationsreichen Rhythmen zu hören und sie zu verstehen. Der lebendige Körper ist nach modernem Verständnis nicht mehr von dem einen großen Rhythmus des Herzens und des Blutkreislaufs beherrscht, sondern von einem geordneten Chaos aus unzähligen Rhythmen, die einander beeinflussen. Wo das geordnete Chaos in Unordnung gerät, spricht man von Krankheit. So hat man zum Beispiel eingehend die chaotischen Vorgänge bei Störungen der Atemwege untersucht, man erforschte Rückkoppelungsmechanismen, die die Wechselbeziehung zwischen roten und weißen Blutkörperchen regulieren. Krebsforscher beschäftigen sich mit Regel- und Unregelmäßigkeiten im Zyklus des Zellwachstums. Psychiater untersuchen die Zyklen depressiver Schübe und denken darüber nach, wie man den Einsatz von Antidepressiva auf mehrdimensionale Weise angehen könnte.

Es war kein Zufall, dass diese neue, komplexe Physiologie in Erkenntnissen über das Herz ihren Ursprung hatte. Denn wie kein anderes Organ drückt es seine Tätigkeit in lebendigen Rhythmen aus. Diese Rhythmen bezeichnen nicht nur exakt den Unterschied zwischen gesund und krank (stabil und instabil), sondern ebenso den zwischen Leben und Tod.

Die normale Herztätigkeit verläuft periodisch, und überall dort, wo ein Herz in seinen Funktionen gestört ist, treten vielfältige Abweichungen auf: etwa ein zu langsamer oder zu schneller Herzschlag, ein unregelmäßiger Herzschlag, der durch Extraschläge verursacht wird, oder ein völlig unregelmäßiger Herzschlag, bei dem die Vorhöfe des Herzens nur noch Flimmerbewegungen durchführen und die Herzkammern sich nur noch unvollständig zusammenziehen. In diesem Fall lässt der Puls keinerlei rhythmische Ordnung mehr erkennen. Über die computergesteuerte Erforschung der verschiedenen dynamischen Herzrhythmen und ihrer Störungen erhofft man sich heutzutage, ein möglichst realistisches *mathematisches Modell* erarbeiten zu können, das diese Rhythmen wiedergibt. Solch ein mathematisches Modell der Herzrhythmen könnte von größtem Nutzen für die Herzmedizin sein, vor allem dort, wo es um lebensrettende Maßnahmen in akuten Notsituationen geht.

Auch auf diesem Gebiet – der Computerisierung von Herzrhythmen – ergibt sich eine interessante Parallele zwischen Herz und Musik: Für die Kompositionen eines Bach oder Mozart lassen sich nämlich mathematische Modelle erstellen. Und diese ermöglichen es einem Computer, neue »Bach- oder Mozartstücke« zu komponieren, bei denen es selbst Fachleuten schwer fällt, sie als solche zu erkennen und nicht für tatsächliche Werke der Meister zu halten. Der Musiker und Komponist David Cope aus Santa Cruz in Kalifornien hat zum Beispiel ein Computerprogramm entwickelt, mit dem Bach-Sonaten täuschend echt nachgeahmt werden können. Es besteht aus nichts anderem als einer 100.000 Zeilen langen Software namens EMI (Experiments in Musical Intelligence).

Die enge Beziehung von Musik und Mathematik ist keine neue Erkenntnis, denn Musik repräsentiert ein klingendes Zahlenverhältnis. Neu und verblüffend ist allerdings die Erkenntnis, dass es keiner menschlichen Seele bedarf, um qualitätvolle Musik komponieren zu können. Ein Computer hat weder Lebens- noch Todeserfahrung, er weiß nichts von Liebesglück und Liebesschmerz, kennt auch sonst keine Gefühle, weiß nichts von Hoffnung, Trauer, Wut oder Melancholie. Es scheint, als sei für das Komponieren von Musik, eben weil diese der Mathematik sehr verwandt ist, eine menschliche Seele irrelevant.

Ja, man kann womöglich noch weiter gehen und behaupten, dass viele der »gröberen« Bereiche der menschlichen Seele irgendwann digitalisierbar sein werden. Das heißt, irgendwann in ferner Zukunft können Computer eine Reihe »grober« Gefühle produzieren, ohne sie körperlich zu fühlen. Und wenn Gefühle letztlich nichts anderes sind als reine Musik – denn nur deshalb ist die Musik in der Lage, Gefühle zu erzeugen –, so sind sie vielleicht auf ähnliche Weise digitalisierbar wie die Musik, die diese Gefühle zu erzeugen vermag.

Unsere Gefühle werden gleichsam im Gehirn »komponiert«, und die elektrischen Gehirnströme, auf denen die Arbeit des Gehirns basiert, sind computerisierbar, und zwar in dem Maße, wie sie über ein Hirnstrombild (Elektroenzephalogramm = EEG) sichtbar gemacht werden können. Gefühlt werden die Gefühle freilich erst über die verschiedenen Körperorgane. Als Gefühlsboten fungieren dabei die unterschiedlichsten Hormone oder Botenstoffe. Ein Gefühl wie »Glück« oder »Verliebtheit« ist also mehr eine Angelegenheit von Gehirn und Hormonausschüttung als eine des Herzens. Das Herz ist, was die Gefühle betrifft, nicht mehr als ein Sprachorgan; es drückt ein Glücksgefühl nur durch heftiges Klopfen aus, ähnlich wie der sprechende Mund das ausdrückt, was in unserem Gehirn vorgeht.

Doch nicht nur das Herz macht Glück oder Verliebtheit körperlich spürbar, die Atmung wird ebenfalls schneller. Nicht selten reagiert bei Verliebtheit auch der Magen, weshalb Verliebte meist unter chronischer Appetitlosigkeit leiden. Im Gehirn gibt es ein so genanntes serotonerges System, dem eine zentrale Rolle bei der Regulierung von Stimmungen und Gefühlen zugeschrieben wird. Bei entsprechenden Reizen im Gehirn setzt es das »Glückshormon« Serotonin frei. Auch Verliebtheit funktioniert auf diese Weise, ebenso Trauer, Hass oder andere Gefühle. Beispielsweise können Glücksgefühle allein schon dadurch erzeugt werden, dass man eine Fastenkur einlegt. Denn Diät aktiviert ebenfalls das serotonerge System. Man fühlt sich durch das Fasten nicht nur körperlich leichter und wohler, sondern auch seelisch. Was man als »Reinigung der Seele« durch Fasten bezeichnet, ist ein Zusammenspiel verschiedener biochemischer Prozesse, die von der modernen Neurobiologie mehr und mehr durchschaut werden.

Dass das Herz zum Organ der Liebe und des Glücks werden konnte, hatte vor allem mit der Unwissenheit über die biochemischen Prozesse in unserem Körper zu tun. Der Gegensatz Kopf-Herz – also Denken-Fühlen – ist ein künstlicher, kein naturwissenschaftlich begründeter Gegensatz. Ein gefühlsarmer, kaltherziger Mensch hat keinen Defekt des Herzens, sondern einen Defekt in seiner Seele, und diese ist nach moderner Sichtweise im Gehirn zu lokalisieren, zumindest, was ihre gröberen Funktionen betrifft. Dass »Seele« sich darin nicht erschöpft, steht außer Frage, zumindest für jene Menschen, die an eine Fortdauer der »Seele« – was immer sie damit meinen – glauben.

Auch wenn das Herz nicht der Sitz der Seele ist, wie wir heute wissen, so behält es doch weiterhin seinen starken Bezug zur menschlichen Gefühlswelt – eben als lebendige Uhr, als die wir das Herz kennen gelernt haben. Um es nochmals zu betonen: Das Herz ist ein dynamisches Organ in einem dynamischen Gesamtorganismus, der letztlich auf dynamische Weise mit dem gesamten dynamischen Kosmos auf der Grundlage dynamischer Felder unterschiedlichster Art in Beziehung steht. Wir sehen: Das Wort »dynamisch« wird hier zu einem Schlüsselbegriff. Es meint ein unendlich komplexes Wechselspiel von inneren und äußeren Rhythmen.

Die Geheimuhr des Herzens ermöglicht es uns, aus dem Gleichmaß der physikalischen Zeit herauszutreten und in eine vollkommen individuelle Zeit einzutauchen. So wird Zeit, über die Vermittlung des Herzens, zu einer psychodynamischen Größe. »Große Augenblicke sind immer jenseits der Zeit«, hat Stefan Zweig gemeint, und das kann jeder aus eigener Erfahrung bestätigen. Das erregte Herz – ob im Glück oder Leid – vernichtet in uns die Zeit, sie löst sich im Zeitlosen auf. Damit treten wir, ob wir wollen oder nicht, in eine spirituelle Dimension des Daseins ein.

Der Gegensatz zur glücklichen Erregtheit jedoch, in der die Zeit wie im Flug vergeht, ist die Ödnis der Langeweile, in der sich die Zeit wie ein alter, geschmackloser Kaugummi klebrig in die Länge zieht. Herz und Zeit drohen in der Langeweile stillzustehen. In der Langeweile spüren wir, wie sich die Zeit, die in erfüllten Augenblicken ganz auf unserer Seite ist, grausam gegen uns wendet. Der Gelangweilte fühlt sich auf der Stelle treten, im Kreise waten wie auf sumpfigem Untergrund – ein dumpfes und stumpfes Gefühl. Auf einmal ist es nicht mehr die Zeit, die vergeht. Wir spüren, dass es umgekehrt ist: Wir vergehen, und die Zeit bleibt. In der

Langeweile starren wir buchstäblich auf die Zeit. Wir sehen zu, wie sie scheinbar ohne jede Qualität verfließt. Es ist, als flösse mit der Zeit das Blut aus einem fort. Das Blut gerinnt – und die Zeit auch. Das macht wohl den Ekel aus, der uns in der Langeweile befällt. Die Banalität des Lebens ist auf einmal körperlich spürbar.

Die Langeweile sickert als geronnene Zeit aus dem Grund des Herzens und ergießt sich als zäher Gefühlsbrei in die Brust. Dorthin fasst sich der zu Tode Gelangweilte instinktiv, um seinen Seelenzustand mit einer einzigen Geste zum Ausdruck zu bringen, so als drohe das Herz stillzustehen, als drohe der absolute Stillstand des Lebens – die Unfähigkeit, zu sein, schlimmer noch, zu werden. Die Verbindung des Herzens zum ewigen Pulsschlag des Kosmos, die in rauschhaften Momenten als beglückend empfunden wird, macht in der Langeweile nur deutlich, dass unsere Lebensfrist, wie hoch wir sie auch beziffern mögen, im unendlichen, zeitlosen Kosmos ertrinkt. Was sind schon siebzig Erdenjahre im Verhältnis zur Ewigkeit!

Und doch – die Langeweile ist nichts, was wie eine Krankheit zu bekämpfen wäre. Vielmehr kann auch sie eine heilsame Wirkung haben: wenn wir uns ihr stellen. Hektik, Tempo, Lärm – dieses Gezappel, das man Leben nennt – scheinen im Grunde nichts anderes zu sein als der pausenlose Versuch, Langeweile zu vermeiden. Vor allem auch unseren Kindern sollten wir immer wieder die Möglichkeit geben, an der Langeweile stark zu werden, indem sie sie so lange ertragen, bis sie eine eigene schöpferische Antwort auf sie gefunden haben. Wer als Kind nicht gelernt hat, kreativ mit der Langeweile umzugehen, indem er sie zuerst einmal zulässt und aushält, der wird als Erwachsener ständig vor ihr fliehen – und damit vor sich selbst.

ZWEITES KAPITEL

Der lichte Lebensmuskel

Das Herz als Organ

Jedes Lebewesen ist nur deshalb existenzfähig, weil es in einem unablässigen Energieaustausch mit seiner Umwelt steht. Die grundlegende Leben spendende Energie auf unserer Erde kommt von der Sonne. Zwar liefert die Erde durch ihr glutheißes Inneres auch eigene Energie, doch diese ist so gering, dass sie zum Lebenserhalt kaum etwas beiträgt. Die Sonne allein ist die Urquelle allen Lebens auf der Erde – ein gigantischer Kernverschmelzungsreaktor, der in etwa 150 Milliarden Kilometer Entfernung Atomkerne des Wasserstoffs in solche des Heliums verschmilzt. Dabei wird Energie in Form von elektromagnetischer Strahlung (Licht) freigesetzt.

Es ist gewiss kein Zufall, dass in fast allen alten Kulturen der Menschheit eine enge Beziehung zwischen Sonne und Herz hergestellt wurde. Einerseits fasste man die Sonne als das Herz des Kosmos auf, andererseits galt das Herz als die Sonne des Mikrokosmos, also des menschlichen Organismus. Das ist auch vom modernen biologischen Standpunkt aus richtig: Das Herz liefert den Organen die Energie, die sie benötigen, um ihre Funktionen erfüllen zu können.

Nun haben freilich nicht alle Arten von Lebewesen ein Herz. Die einzelligen Amöben zum Beispiel, zu denen die Algen und Bakterien gehören, benötigen kein Herz und somit auch keinen Kreislauf von Körpersäften. Sie können, weil sie so winzig sind, im direkten Kontakt mit der Umwelt die nötigen Energien beziehen. Bei mehrzelligen Lebewesen funktioniert das jedoch nicht mehr. Sie brauchen einen Kreislauf, der alle Zellen mit Energie versorgt und die Stoffwechselabfälle entfernt. Allerdings ist auch hier ein Herz nicht zwingend notwendig.

Das lässt sich gut bei den Pflanzen beobachten, die auch ohne Herz in der Lage sind, ihren Säftekreislauf aufrechtzuerhalten. Sie bedienen sich dabei äußerst kompliziert gebauter Leitbündel, die im Pflanzenspross verteilt sind. Bestimmte verholzte Teile dieser Zellbündel leiten Wasser und Nährsalze von den Wurzeln zu den Blättern. Dieses Leitgewebe besteht aus toten Zellen von hoher Leitfähigkeit. Bei einer Birke mittlerer Größe zum Beispiel werden auf diese Weise rund 200 Liter Wasser pro Tag von den Wurzeln zum Laubdach transportiert – und dies entgegen der Schwerkraft! Die Pflanzen brauchen also für ihren Stoffwechselkreislauf keine Pumpe; sie sind selber die Pumpe. Ein ähnliches Prinzip trifft man auch noch bei einfach organisierten Tieren an, etwa bei den Gliederwürmern (Anneliden). Ihr Kreislauf zeigt ein voll ausgebildetes Blutgefäßsystem, doch ein Herz findet man bei ihnen nicht.

Evolutionsgeschichtlich kommt der Blutkreislauf vor dem Herzen. Die ursprüngliche Bewegung des Blutes geschieht ohne Herz. Dieses evolutionsgeschichtliche Faktum spiegelt sich auch in der individuellen Entwicklung unseres menschlichen Organismus wider. Schon bei Embryonen, die nur wenige Millimeter groß sind, kann man bei jenen Zellen, die das Herz ausbilden werden, rhythmische Bewegungen wahrnehmen.

Bereits im befruchteten Ei setzt im Protoplasma des Dotters eine Strömung ein, welche ihrem Wesen nach über die eigentliche Protoplasmaströmung und die Lymphströmung hinausgeht. In dieser Strömung entsteht eine erste Polarisierung des Eidotter-Organs. Diese Urströmung ist noch von pflanzenhafter Natur und dient sowohl der Förderung der Wachstumskräfte als auch schon der Ausbildung organischer Funktionen. Die Strömungen richten sich auf den Embryonalkörper und bilden dort ein Zentrum, welches zu pulsieren beginnt. Und dies ist die erste Anlage des

Herzens, der »springende Punkt«, den schon Aristoteles am bebrüteten Hühnerei beobachtet und beschrieben hat.

Nochmals, weil es entscheidend ist für das Verständnis des Herzens: Die Blutströmung ist schon *vor* dem Herzen da. Das Herz wird gewissermaßen von dieser Strömung gebildet. Überspitzt ausgedrückt: Nicht das Herz bewegt das Blut, sondern das Blut bewegt das Herz. Oder anders: Der ganze Kreislauf *ist* Herz. Die Entwicklung des gesamten Organismus geht aus der Bildung des Kreislaufs und des Herzens hervor. Damit aber ist der Organismus nichts anderes als verkörperter Rhythmus, verkörperte Pulsation. Und dies kommt auch in der Form des Herzens zum Ausdruck: Es ist Gestalt gewordenes Fließen, ein Gefäß, das aus Faserströmen von Muskelgewebe geformt wurde. Die Herzmuskelfasern bilden dabei Faserströme ohne eigentliche Zellgrenzen. Es ist nicht möglich, eine Herzmuskelfaser als isolierte Zelle herauszupräparieren. Das strömende Blut wird gleichsam von einem lebendigen, strömenden »Gefäß« aufgenommen.

Ab der zweiten Woche der Embryonalentwicklung bildet sich eine gerichtete Bewegung in Gestalt eines Blutrinnsals aus, hin zu jenen Zellen, die die Organe mit dem intensivsten Stoffwechsel ausbilden werden: Herz, Gehirn, Leber. Diese Organe werden später auch die besten Kapillarsysteme (feinste Verzweigungen) aufweisen.

Zwischen dem 23. und 34. Entwicklungstag staucht sich die ursprünglich schlauchartig gestreckte Herzanlage, und es entsteht ein gedrungener muskulöser Hohlkörper mit spiralförmiger Führung des Blutstroms.

Bei den Niederen Tieren findet man ein Organ, das den Namen »Herz« verdient, erst bei den Ringelwürmern. Es besteht aus sich zusammenziehenden Gefäßabschnitten innerhalb ihres geschlossenen Blutkreislaufs. Bei den Insekten liegt das Herz auf der Rückenseite als eine Art Schlauch mit seitlichen Einlassschlitzen, die sich beim Pumpvorgang verschließen. Weichtiere haben ein sackförmiges Herz, das in einem Herzbeutel liegt. Das sauerstoffreiche Blut gelangt aus den Kiemen in die seitlichen Herzvorhöfe; deren Zahl entspricht meist der Anzahl der Kiemen. Von diesen Vorhöfen fließt das Blut in die Herzkammer und wird von dort in die Aorta (Hauptschlagader) gepresst. Die Tintenfische der Familie Sepia, mit ihrem nahezu geschlossenen Blutkreislauf, haben neben einem zentralen Herzen sogar noch zwei venöse Kiemenherzen in der Kiemenregion.

Bei allen Wirbeltieren ist ein zentrales Herz ausgebildet. Denn mit der Differenzierung der Lebensweise, vor allem beim Übergang vom reinen Wasserleben zu einem Leben auf dem Land und der dabei zunehmenden Beweglichkeit, wird eine immer bessere Blutversorgung der Organe zwingend. Hinzu kommt die Notwendigkeit, auch bei ständig wechselnden Außentemperaturen eine konstante Körpertemperatur aufrechtzuerhalten. Und dies gelingt ebenfalls nur mit einem komplexen, flexibel reagierenden Herzorgan.

So besteht schon das röhrenartige Herz bei den Fischen aus zwei Höhlen, genauer: einem Vorhof und einer Kammer, die durch Herzklappen getrennt sind. Bei den Lurchen sind es bereits drei Höhlen, aus denen das Herz besteht: zwei Vorhöfe und eine Kammer. Der rechte Vorhof erhält das sauerstoffarme Blut aus dem Körper, der linke Vorhof das sauerstoffreiche Blut aus der Lunge. Es gibt also bei den Lurchen bereits zwei Blutkreisläufe: einen kleinen zur Lunge und einen großen, der den gesamten Körper mit Blut versorgt. In der Kammer des Lurchherzens mischen sich das sauerstoffreiche und sauerstoffarme Blut, so dass der Körper mit Mischblut versorgt wird. Doch diese Blutmischung ist nicht vollkommen, denn das Lurchherz besitzt in seinen Innenwänden Taschen und Falten, die einen Teil des sauerstoffreichen Bluts vom sauerstoffarmen trennen. Mit dem ungemischten sauerstoffreichen Blut wird der Kopf, also das Gehirn, versorgt. Das sauerstoffärmere Mischblut geht teilweise in die Lunge, um dort wieder mit Sauerstoff angereichert zu werden, und versorgt zum Teil die anderen Organe, die nicht so viel Sauerstoff benötigen wie das Gehirn.

Bei den Reptilien beginnt die Trennung der Herzkammer in eine linke und rechte Hälfte durch Ausbildung einer Scheidewand von der Herzspitze aus. Erdgeschichtlich fällt diese Entwicklung in die Zeit vor 350 Millionen Jahren. Die vollständige Trennung der Herzkammer ist erst bei den Vögeln und Säugetieren erreicht. Nur Vogel- und Säugetierherzen besitzen vier Höhlen, also zwei Vorhöfe und zwei Kammern. Der Gasaustausch findet in der Lunge statt, das heißt, es gibt einen kleinen Herz-Lungen-Kreislauf und einen großen Kreislauf, der den Körper mit sauerstoffreichem Blut versorgt. Somit knüpft das Säugetierherz – und damit auch das Herz des Menschen – evolutionsgeschichtlich direkt an das Reptilienherz an.

Interessant ist in diesem Zusammenhang, dass das menschliche Herz, das wir symbolisch als Zentrum und Mitte unseres Körpers betrachten, gar nicht in der Mitte liegt. Der symmetrische embryonale Herzschlauch faltet sich im Laufe der Embryoentwicklung in die linke Körperhälfte hinein – zumindest gilt das für die überwiegende Mehrheit der Menschen. Einer von rund zehntausend Menschen trägt sein Herz – und alle übrigen Organe – spiegelverkehrt. Die Betroffenen sind so gesund wie Menschen mit normaler Lage der Organe. Wenn die Organe sich allerdings im Laufe der Embryoentwicklung nicht für eine Körperhälfte entscheiden können – wofür wahrscheinlich ein Gendefekt verantwortlich ist –, dann kommt es zur so genannten Heterotaxie, die meist mit schweren Missbildungen verbunden ist.

Und noch etwas Interessantes ergibt sich aus der Stellung des Herzens im menschlichen Körper: Es sitzt schräg zur Körperachse, nämlich in einem Winkel von 23 Grad. Das ist exakt der Winkel, den die Erdachse zu ihrer Bahnebene hat. Daraus nun irgendwelche Schlussfolgerungen zu ziehen würde uns in esoterische Gefilde führen, um die es hier nicht gehen soll.

Zwischen Reptilien und Säugern gab es wichtige Übergangsformen, die so genannten Theridontier, die in der Kreidezeit, also vor etwa 70 Millionen Jahren, lebten. Seitdem existieren auf der Erde Lebewesen mit zweigeteilten Herzkammern. Unsere stammesgeschichtliche Kriechtierabkunft ist übrigens auch an unserem Gehirn abzulesen: Das so genannte Stammhirn bildet die tieferen, stammesgeschichtlich ältesten Teile des Gehirns. Dort liegen bezeichnenderweise die lebenswichtigen Steuerungszentren für den Blutkreislauf und die Atmung.

Die Evolutionsgeschichte des Lebens – von der Urzelle bis zum Homo sapiens – wiederholt sich gewissermaßen im Zeitraffer in der embryonalen Entwicklung des Individuums: Denn wir durchlaufen als Embryo die Daseinsformen von Einzeller, Vielzeller, Wurm, Weichtier, Fisch, Lurch und Reptil. Wir vollführen dabei auch die Grundbewegung des Lebens vom Wasser aufs Land. Im Fruchtwasser schwimmen wir gleichsam im Urmeer unserer individuellen Evolutionsgeschichte. Auch unser Herz gehorcht während seiner Ausgestaltung in Embryo und Fötus dieser Entwicklungsgeschichte des Lebens. Zu Beginn zuckt es nur als einzelne Herzzelle; diese teilt sich weiter und bildet schließlich einen einfachen schlauchartigen Hohlraum aus, der sich zunehmend zu einer Schleife staucht und am Ende einen kompakten, gekammerten Hohlkörper formt.

Bereits sechs Wochen nach der Empfängnis beginnt im Embryo die erste Herzzelle zu schlagen, obwohl diese noch keinerlei Blutkreislauffunktion hat. Sobald zwei Herzzellen vorhanden sind, wird das Schlagen synchronisiert.

Wir sehen also: Was sich in der Evolutionsgeschichte zunächst unendlich langsam, dann immer schneller vollzog – vom ersten Einzeller bis zu den Mehrzellern vergingen Milliarden von Jahren –, verläuft in der individuellen Entwicklungsgeschichte genau umgekehrt: erst schnell, dann immer langsamer. In der Anfangsphase der embryonalen Entwicklung wächst fast gleichzeitig mit der Segmentierung die Herzanlage heran, und zwar zu beiden Seiten der hinteren Gehirnanlage! Herz und Gehirn stehen somit von Anbeginn unserer Entwicklung in engster Beziehung zueinander. Schon von daher ist es wenig verwunderlich, dass ein zentraler Bereich der Gehirntätigkeit, nämlich das seelische Empfinden, dem Herzen zugeordnet wurde. So möchte man in der frühen Embryonalentwicklung fast schon eine Legitimation dafür sehen, das Herz als eine Art Außenstelle des Gehirns zu betrachten, die zuständig ist für die Gefühle. Das heißt: Herz und Gehirn, Gefühl und Verstand gehören zusammen. Und auf diese Weise kommt man ohnehin besser durchs Leben.

Mehr als nur eine Pumpe

Die gängige Vorstellung vom Herzen – gerade auch unter Ärzten – ist die einer Pumpe. Spricht jemand von seiner »Pumpe«, dann ist klar, dass er sein Herz meint. Diese nüchterne Bezeichnung und die damit verbundene Vorstellung von einem Körperorgan als einer simplen Maschine steht in einem eigenartigen Gegensatz zu den alten und neuen Mythen, die um das Herz gebildet wurden und werden. Vor allem zum Herzen als dem »Zentralorgan der Liebe« will das Bild einer Pumpe nicht so recht passen. In diesem Widerspruch kommt eine geistige Gespaltenheit zum Ausdruck, die buchstäblich mitten durchs Herz geht und vielleicht auch mit dazu beiträgt, dass so viele Herzen brechen. Doch das Herz als Liebesorgan werden wir in Kapitel 4 genauer betrachten, ebenso die gebrochenen, also kranken Herzen in Kapitel 5. Doch sehen wir uns erst einmal genauer an, was es mit der »Pumpe« auf sich hat.

Als Erstes stellt man fest, dass es sich um zwei »Pumpen« in einer handelt, genauer: um zwei nebeneinander liegende »Druck-Saugpumpen«. Die rechte Herzhälfte drückt das vom Körper kommende sauerstoffarme Blut in den Lungenkreislauf. Es wird in der Lunge mit Sauerstoff angereichert. Dieses von der Lunge kommende sauerstoffreiche Blut wird dann von der linken Herzhälfte in den Körperkreislauf gedrückt. Ein Herzschlag besteht somit aus zwei Arbeitsgängen: Ansaugen von Blut durch Erschlaffen, Auspressen von Blut durch Zusammenziehen der Herzmuskulatur. Die Erschlaffung der Vorhöfe und Kammern des Herzens wird Diastole genannt, die Zusammenziehung Systole. Für das Ansaugen von Blut sind die beiden Vorhöfe

(Atrium) zuständig, für das Auspressen die beiden Kammern (Ventrikel). Zwischen den Vorhöfen und den Kammern, und ebenso zwischen den Kammern und den großen Gefäßen, liegen Herzklappen, die wie Ventile arbeiten. Sie garantieren, dass der Blutfluss stets nur in eine Richtung möglich ist.

Vorhöfe und Kammern erschlaffen oder kontrahieren nicht gleichzeitig, sondern zeitversetzt. Die Erregung des Herzmuskels, also seine Kontraktion, geht von den Vorhöfen aus, genauer, vom rechten Vorhof. Dort nämlich, an der Stelle, wo die obere der beiden Körpervenen ins Herz einmündet, sitzt eine Art natürlicher Schrittmacher des Herzens, Sinusknoten genannt. Der Herzmuskel zuckt also nicht irgendwie aus sich heraus, sondern muss zu jedem Herzschlag angeregt werden, freilich durch ein herzeigenes Reizleitungssystem, das aus besonderen Muskelfasern besteht. Der Herzmuskel selbst erzeugt elektrische Reize in seinem Sinusknoten und leitet sie von dort weiter. Das Herz ist ein sich selbst anregendes System; es arbeitet auf der elektromagnetischen Ebene grundsätzlich autonom, vergleichbar mit einer Elektropumpe, die den Strom, mit dem sie angetrieben wird, selber erzeugt. Ob wir nun wollen oder nicht – aber der Vergleich mit einer Pumpe liegt eben immer wieder nah ...

Die Reizleitung geht wie erwähnt vom rechten Vorhof aus. Der dort sitzende Sinusknoten sendet pro Minute durchschnittlich 60 bis 80 Impulse aus, was durch eine komplizierte chemische Auf- und Abladung in den Muskelfasern des Sinusknotens bewirkt wird. Auf der molekularen Ebene beruht der Herzschlag auf einem Zusammenspiel verschiedener Poren, die das Ein- und Ausströmen elektrisch geladener Teilchen (Ionen) durch die

Wand einer jeden Herzzelle regulieren. Bei diesen Poren handelt es sich um äußerst komplexe röhrenartige Moleküle, die in die Zellwand eingebaut sind. Sie gehen wie Schleusen auf und zu. Auf diese Weise steht das Innere der Herzzellen mit der Außenwelt, also den anderen Herzzellen, in Kontakt.

Solche Ionenkanäle fand man übrigens auch in Gehirnzellen; auch dort sind sie für die rhythmische Aktivität verantwortlich. Jedes dieser Schleusenmoleküle gewährt nur ganz bestimmten geladenen Teilchen die Durchfahrt. Da sich als Folge des Ein- und Ausströmens der verschiedenen Ionen die elektrische Ladung in den Herzzellen jedes Mal ändert, zieht das Öffnen und Schließen der Poren rhythmische Spannungsänderungen nach sich. Das Porenmolekül pulsiert als Folge von Ladungsunterschieden, die der Ionenstrom hervorruft; es hat damit die Rolle eines Taktgebers, der gewährleistet, dass die Herzzellen im gleichen Takt pulsieren. Geraten einige aus dem Takt, so liegt eine Herzrhythmusstörung vor.

Der rechte Vorhof wird kurz vor dem linken Vorhof erregt, das heißt zur Kontraktion gereizt. Er befördert bei seiner Zusammenziehung das sauerstoffarme Blut, das in der Erschlaffungsphase in ihn eingeströmt war, durch die sich öffnende Ventilklappe in die rechte Kammer. Entsprechend – nur ein wenig später – presst der kontrahierende linke Vorhof das sauerstoffreiche, von der Lunge kommende Blut in die linke Herzkammer. Etwa 0,2 Sekunden später wird die Kammermuskulatur über das feine Netz der Reizleitungsfasern zur Kontraktion angeregt. Gleichzeitig schließen sich die Ventilklappen zwischen den Vorhöfen und den Kammern. In den folgenden 0,3 bis 0,4 Sekunden befördern die Herzkammern das Blut in die großen Schlagadern: Die rechte Kammer presst das sauerstoffarme Blut in die Lunge – wobei die Lunge auch noch ansaugend mitwirkt –, während die linke Kammer das sauerstoffreiche Blut in den Körper presst. Unterdessen sind die Vorhöfe wieder erschlafft und nehmen das in den Venen ankommende Blut auf. Nachdem die Kammern ihr Blut ausgeworfen haben, erschlaffen auch sie, die Klappen zu den Schlagadern schließen sich, und die Vorhöfe, die sich nun wieder zusammenziehen, pressen ihr Blut aufs Neue in die leeren Kammern.

All das klingt sehr komplex und vielleicht auch kompliziert – und war doch nichts anderes als ein einziger Herzschlag!

Allein könnte dieses relativ kleine, beim Erwachsenen kaum ein Pfund wiegende Muskelorgan seine Leistung jedoch nicht erbringen. Denn diese Leistung ist enorm: Pro Herzschlag werden 60 bis 80 Milliliter Blut befördert, das sind 4 bis 7 Liter Blut in der Minute. In 24 Stunden ergeben sich daraus etwa 17.000 Liter transportiertes Blut. Hinzu kommt, dass bei diesem Transport Höhenunterschiede überwunden werden müssen, also etwa eineinhalb Meter von den Füßen hinauf zum Herzen – entgegen der Schwerkraft.

Man hat versucht, die Arbeit zu berechnen, die das Herz aufbringen muss, um das Blut durch das feinmaschige Netz von Milliarden von Adern und Haargefäßen zu treiben. Es wäre mindestens eine Kraft nötig, die ein Gewicht von 20 Kilogramm pro Tag um einen Kilometer in die Höhe heben könnte. Diese lebenslange Arbeit kann ein Herz nur leisten, wenn es nicht allein ist, sondern Unterstützung erfährt.

Die Hauptunterstützung erfolgt durch die Blutströmung selbst. Der Blutkreislauf erzeugt aus sich selbst heraus, wie bereits zu Anfang dieses Kapitels erwähnt, pulsierende, vorantreibende Kräfte. Pulsieren liegt im Wesen jeder strömenden Flüssigkeit; sie ist sich selbst die »Pumpe«.

Das Herz kann man, isoliert betrachtet, nicht wirklich verstehen – eben weil es ein lebendiges Organ ist. Es entwickelt seine Fähigkeiten nur im komplexen Zusammenspiel mit dem ganzen Organismus. Nicht das Herz hat Fähigkeiten, sondern die Fähigkeit, lebendig zu sein, hat sich das Herz – und andere Organe – geschaffen. »Das Fähigsein verschafft sich Organe«, sagte der Philosoph Heidegger. Der lebendige Organismus bedeutet eben mehr als nur die Summe seiner Einzelorgane. Das Herz, so könnte man sagen, ist das Ergebnis strömenden Lebens.

Das Strömen des Blutes erfährt aber noch Unterstützung von anderer Seite: Die gesamte Muskulatur des Organismus unterstützt den Blutkreislauf durch ihr Wechselspiel von An- und Entspannung. Ähnliches gilt für die Atmung; auch sie wirkt unterstützend auf den Blutstrom allein dadurch, dass Herz und Lunge eng in der Brusthöhle zusammenliegen und das Herz links und rechts von den Lungenflügeln umfasst wird. Eine besondere Rolle bei der Unterstützung der Herz- und Kreislauftätigkeit spielt das Zwerchfell, auf dem die Herzunterseite direkt auf- liegt. Das Herz sitzt auf dem Zwerchfell wie auf einem Sattel; es unterstützt die Atmung und damit indirekt die Herztätigkeit, die mit der Lungenaktivität direkt gekoppelt ist.

Nicht zuletzt erfährt das Herz eine entscheidende Unterstützung auch durch die allgemeine Elastizität des Gewebes, speziell der Blutgefäße. Besonders der Anfangsteil der Hauptschlagader hat eine elastische Wand; sie dehnt sich, wenn die mit jedem Herzschlag ausgeworfene Blutmenge ankommt, und leitet das Blut gedämpft pulsierend weiter.

Der Kreislauf als ganzer pumpt. Nur so ist gewährleistet, dass das Blut immer genau mit der richtigen Geschwindigkeit und ohne nennenswerte Turbulenzen fließt. Eine zu hohe Fließgeschwindigkeit würde zu Turbulenzen führen und Schlaganfälle nach sich ziehen. Eine zu langsame Fließgeschwindigkeit hätte den Tod durch Sauerstoffmangel zur Folge.

Hinzu kommt, dass jeder lebendige Organismus durch seine grundsätzliche »Wässrigkeit« charakterisiert ist. Der Blutkreislauf findet gewissermaßen im Flüssigen statt. Alle Organe schwimmen und schwingen in Flüssigkeiten, und bestehen dabei selbst vor allem aus Wasser. Das Leben kommt aus dem Wasser und organisiert sich als ein geordnetes Chaos von Flüssigkeitsströmen.

Und welche Rolle spielt das Gehirn für das Herz? Grundsätzlich braucht das Herz das Gehirn nicht, um zu schlagen und den Organismus am Leben zu erhalten, auch wenn dieses Leben nur ein bewusstloses, oder besser: bewusstseinsloses wäre. Damit sich der Organismus jedoch als tätiger, alle seine Lebensmöglichkeiten ausschöpfender Organismus verwirklichen kann, ist die Funktion des Herzens eng mit der Funktion des Gehirns gekoppelt.

Exakt an diesem Punkt erkennt man die zentrale Bedeutung des Herzens: Auch das Gehirn, über das sich unsere ganze Persönlichkeit, unser Ich, konstituiert, kann seine Aufgaben nicht erfüllen, wenn das Herz es nicht mit Blut versorgt. Freilich, unser Leben hängt auch davon ab, dass Sauerstoff über die Lunge ins Blut gelangt, dass das Blut von der Leber entgiftet wird, dass die Gifte über andere Organe aus dem Körper transportiert werden, kurzum: dass die organische Totalität, also das Wechselspiel der Organe, intakt ist und im Takt bleibt. Den Grundtakt des Lebens aber gibt das Herz.

So hat das Herz also zwar eine zentrale Funktion, aber eben nur eine von vielen zentralen Funktionen, die auch noch von den anderen lebenswichtigen Organen erfüllt werden. Ein lebendiger Organismus zeichnet sich dadurch aus, dass er mehrere Zentren hat, die miteinander vernetzt sind. Das wirklich zentrale »Organ« ist der Organismus als ganzer. Und dieser funktioniert schon, ehe er überhaupt Organe ausgebildet hat.

Die »Autonomie des Herzens« gewährleistet die Grundversorgung des Organismus, also den Stoffwechsel in den Zellen, aus denen er sich aufbaut. Das Herz besitzt hierfür, wie wir schon wissen, sein eigenes Reizleitungssystem. Dieser eigenständige Herzrhythmus ist allerdings weitgehend invariabel und monoton. Ein lebendiger Organismus muss jedoch in der Lage sein, auf eine ständig sich ändernde Umwelt und Innenwelt zu reagieren und frei zu agieren. So muss, um nur ein Beispiel zu nennen, die Sauerstoffzufuhr zu den Zellen bei plötzlicher körperlicher Anstrengung erhöht werden.

Aus diesem Grund besitzt der Sinusknoten des Herzens auch Nerven, die ihn direkt mit dem Gehirn verbinden beziehungsweise dem Rückenmark. Auf diese Weise wird der an sich autonome Herzrhythmus über diese Nervenverbindung ständig vom vegetativen Nervensystem beeinflusst, das aus zwei entgegengesetzt wirkenden Teilsystemen besteht, dem sympathischen und dem parasympathischen System. Das sympathische System (Sympathicus) beschleunigt die Herzfrequenz, das parasympathische System (Parasympathicus) bremst den Rhythmus. Die Funktion des Sympathicus lässt sich sehr gut spüren, wenn man auf einen Menschen trifft, der einem besonders sympathisch ist: Das Herz klopft schlagartig stärker.

Fast alle psychischen und physischen Aktionen und Erfahrungen sind von Änderungen der Herzfrequenz begleitet. Die Herznerven haben die Aufgabe, dem Herzen die Steuerimpulse des Zentralnervensystems zu übermitteln, damit es seine Tätigkeit sofort an die Erfordernisse des Organismus anpasst.

Doch nicht nur äußere Ereignisse (Reize) beeinflussen direkt die Herztätigkeit, sondern auch innere Stimmungen in ihrer unendlichen Vielfalt zwischen höchstem Glück und tiefster Verzweiflung. Von diesen Stimmungen ist der Organismus als ganzer mit all seinen Organen betroffen, obwohl das Herz traditionell als das Stimmungs- und Gefühlsorgan schlechthin betrachtet wird. Ja, auch der Magen-Darm-Trakt, Niere und Blase, die Atmungsfunktion, selbst die Beweglichkeit der Extremitäten werden direkt von unseren Stimmungen beeinflusst – und beeinflussen ihrerseits die Stimmung. Alles hängt mit allem zusammen – das ist so banal wie fundamental.

Nun können wir das Herz dennoch als ein ganz besonderes Organ betrachten, weil es nicht nur die anderen Organe mit Blut – und damit mit Sauerstoff und Energie – versorgt, sondern ebenso sich selbst. Die herzeigene Blutversorgung wird über die so genannten Herzkranzgefäße geleistet. An der Wurzel der Hauptschlagader entspringend, umziehen die linke und rechte Koronararterie kranzförmig das Herz in einer äußeren Furche zwischen den Vorhöfen und den Kammern. Von dort führen große Seitenäste zur Herzspitze. Diese verzweigen sich weiter zu einem dichten Netz von kleineren Arterien im Herzmuskel, die schließlich in feinsten Kapillaren in den Zellen des Herzens enden und dort den Stoffwechsel sicherstellen. Von hier aus fließt, wie bei allen anderen Organen auch, das sauerstoffarme Blut in die Herzvenen. Sie münden direkt in den rechten Vorhof ein, wo sich das sauerstoffarme Blut mit dem aus den übrigen Körperregionen mischt.

Immerhin werden etwa 5 bis 7 Prozent des gesamten Blutes, das vom Herzen ausgestoßen wird, zur Eigenversorgung benötigt. Die Zellen des Herzmuskels entnehmen dem Blut als Energieträger Traubenzucker (Glukose) und Fettsäuren. Diese werden mit Hilfe des Sauerstoffs, der ebenfalls vom arteriellen Blut zu den Zellen transportiert wird, zu Wasser und Kohlensäuregas (CO_2) abgebaut. Auf diese Weise wird Energie gewonnen, die zum Aufbau von Adenosintriphosphorsäure (ATP) nötig ist. Das ATP schließlich liefert die Energie für die Arbeit des Herzens.

Der Herzmuskel verfügt nur über geringe Energiereserven, weshalb die Energiezufuhr niemals länger unterbrochen sein darf. Eine Unterbrechung, etwa durch Verstopfung eines Herzkranzgefäßes, führt für den betroffenen Menschen schlagartig in eine lebensbedrohliche Situation, in den Herzinfarkt. Schon nach wenigen Minuten beginnen jene Herzzellen, die ohne Blutzufuhr bleiben, abzusterben. Dem gesamten Komplex der Herzkrankheiten werden wir uns in Kapitel 5 widmen.

Abschließend wollen wir unseren Blick jedoch noch einmal auf die energetische Seite des Herzens richten. Es wurde bereits erwähnt, dass das Herz etwa 5 bis 7 Prozent des von ihm geförderten Blutes für den eigenen Energiebedarf benötigt. Mit Energie sind letztlich Wärmeenergie und geleistete Arbeit gemeint. Dabei ist der Stoffwechsel, der in den Zellen der Organe, also auch in denen des Herzens stattfindet, eng mit unserem Lebensrhythmus verknüpft. Das trifft ganz besonders für das Herz zu. Wenn wir ruhen, benötigt es weit weniger Energie, als wenn wir aktiv sind. Das Lebenstempo beeinflusst direkt das Tempo, mit dem die in der Nahrung gespeicherte chemische Energie in den Herzzellen in Wärme und Arbeit umgewandelt wird. Diese Energie misst man in Kalorien beziehungsweise Joule. Eine Kalorie entspricht 4184 Joule. Hundert Joule entsprechen zum Beispiel der Energiemenge, die eine 100-Watt-Birne in einer Sekunde verbraucht, das heißt als elektromagnetische Strahlung (Licht und Wärme) abgibt.

Wärme ist gewissermaßen das Nebenprodukt der Arbeit der Organe. Das basiert auf einem Grundgesetz der Physik: auf dem Zweiten Hauptsatz der Thermodynamik. Aus ihm folgt mit naturgesetzlicher Notwendigkeit, dass bei jeder Energieumwandlung, die für Arbeit genutzt wird, auch Wärme entsteht. Der Mensch gibt diese Wärme über seine Hautfläche ab, die beim Erwachsenen immerhin fast zwei Quadratmeter umfasst. Im Prinzip ist der Mensch also nichts anderes als ein lebendiger Ofen. Das gilt für alle Lebewesen.

Aber auch jedes einzelne Organ, insofern es ein räumlich abgegrenztes System darstellt, kann man als solch einen lebendigen Ofen bezeichnen – letztlich jede einzelne Körperzelle. Allerdings ist das Verhältnis zwischen geleisteter Arbeit und Wärmeproduktion nicht bei allen Organen gleich. Die Herzmuskelzelle zeichnet sich in dieser Hinsicht dadurch aus, dass sie relativ wenig Arbeit leistet und dafür umso mehr Wärme produziert. Aber grundsätzlich gilt für alle Organe des Körpers, dass der größte Teil der in ihnen stattfindenden Energieumwandlung in Form von Wärme abgestrahlt wird. Beim Herzen fällt die Wärmeproduktion nur besonders stark ins Gewicht. Das Herz ist der stärkste »Ofen« unter den Organen.

DRITTES KAPITEL

Der springende Punkt des Lebens

Das Herz in Philosophie und Religion

Schon Aristoteles (384 – 322 v.Chr.) betrachtete das Herz als den »Ofen« unter den Organen. Aber auch der Magen und der Phallus wurden von ihm als Organe der Wärme aufgefasst. Von der Vagina sprach er nicht, und das hatte antike Gründe: Die Frau spielte philosophisch keine Rolle.

Wärme war gleichbedeutend mit Bewegung und Beweglichkeit, und somit wurden Herz, Magen und Phallus als Organe der Bewegung gedacht, eben weil sie in sich beweglich waren. Das griechische Bestimmungswort »kardi« hat sowohl die Bedeutung »Herz« als auch »Magen« beziehungsweise »Magenmund«. Unter »Kardialgie« versteht man noch heute sowohl den Magenkrampf als auch den Herzschmerz.

Die alten Griechen unterschieden die einzelnen Organe nicht streng voneinander; dazu fehlten ihnen die anatomischen Kenntnisse. Diesen Mangel glichen sie jedoch durch philosophische Gedankenschärfe aus. In weitgehender Unkenntnis des Besonderen widmeten sie sich dem Allgemeinen. So entstand eine ganzheitliche Sicht des Lebens, in der das einzelne Organ nicht auf seine Funktionen reduziert wurde – man kannte die Organfunktionen ohnehin kaum –, sondern in vielfältige symbolhafte Beziehungen zu den kosmischen Erscheinungen trat.

Uns mag heute eine direkte Beziehung zwischen Herz und Geschlechtsorgan oder Herz und Sonne aufs erste befremden, doch weicht dieses Gefühl sehr schnell dem Eindruck, dass darin nur mythenhaft vage zum Ausdruck kommt, was die moderne Naturwissenschaft sehr klar vor Augen führt: dass sich nichts Lebendiges auf pure Mechanik reduzieren lässt, dass zwischen allem, was ist, ein unendlich komplexes Beziehungsgeflecht existiert. Der ganze Kosmos beruht auf Ähnlichkeiten und tiefgründigen Verwandtschaften.

Alle Organe sind Wärmeerzeuger, wie wir bereits im vorangegangenen Kapitel sahen. In jeder Organzelle finden komplizierte Stoffwechsel statt, bei denen unter anderem auch Wärme entsteht. Selbst in der Sonne gibt es eine Art von Stoffwechsel – Umwandlungen von Materie. Und auch dabei wird Energie in Form von elektromagnetischer Strahlung freigesetzt. Wärme stellt nur einen kleinen Bereich dieser Strahlung dar.

In den Organen werden Moleküle umgewandelt, also Bindungsenergien zwischen den Atomen als Wärmestrahlung freigesetzt. Und in der Sonne verschmelzen Atomkerne – auch dabei wird Strahlung frei. Den alten Griechen fiel die Wärmeproduktion der Organe nur dort auf, wo es sich um besonders »heiße« Organe handelte, also bei Herz/Magen und beim (männlichen) Geschlechtsorgan. Hätten sie genauere Beobachtungen angestellt, so wäre ihnen klar geworden, dass vor allem auch die Leber ein starker Wärmelieferant ist. Denn in der Leber findet der intensivste Stoffwechsel statt. Doch auch die Nieren, die Muskeln, das Gehirn, kurzum: jedes Organ ist »Ofen« oder »Sonne«.

Das Herz erhielt seine Sonderstellung als Wärmeorgan nur aufgrund mangelhafter Beobachtung und weil es durch seine starke Eigenbewegung die Aufmerksamkeit auf sich zog. Ein so zentrales Wärmeorgan wie das Gehirn, das bewegungslos und verborgen unter dem Schädelpanzer tätig ist, musste seinerzeit unberücksichtigt bleiben.

Hätte Aristoteles das Gehirn besser gekannt, so hätte er es gewiss zum Zentralorgan unseres Körpers erhoben. Immerhin hatte vor ihm schon Hippokrates (ca. 460 – ca. 370 v.Chr.), der Begründer der Medizin als Erfahrungswissenschaft, in seiner Abhandlung über die Epilepsie die Meinung vertreten, »dass das Gehirn der mächtigste Körperteil ist, denn wenn er gesund ist, ist er ein Dolmetscher der Luft, denn aus der Luft kommt das Denken: Augen, Ohren Zunge, Hände, Füße wirken in Zusammenarbeit mit dem Gehirn.« Hippokrates wandte sich gegen jene Gelehrten seiner Zeit, die das Herz als Organ des Denkens und Fühlens betrachteten: »Einige sagen, dass das Herz das Organ sei, mit dem wir denken und dass es Schmerz und Angst fühle. Aber dem ist nicht so.«

Hippokrates nahm damit die Sichtweise Platons voraus, der ebenfalls im Gehirn das Zentralorgan des Geistes und der Seele sah und nicht im Herzen. Allerdings spaltete Platon das Geistig-Seelische in einen sterblichen und einen unsterblichen Teil auf. Die Götter, so meint er in seinem Werk »Timaios«, legten das Unsterbliche in das Haupt des Menschen. In den Brustkorb, also in das Herz, aber schlossen die Götter den vergänglichen Teil der Seele »... und schieden, da er von Natur aus in einen besseren und einen schlechteren zerfiel, wiederum die Höhle des Brustkastens und legten, wie man die Wohnung der Frauen von der der Männer trennt, zwischen beide das Zwerchfell als Scheidewand«. Hier wirkte bei Platon noch die alte Sicht vom Zwerchfell als dem Sitz der Seele nach, wie sie etwa im Werk Homers (8.Jh.v.Chr.) zu finden ist.

Für Platon hat das Herz vor allem die Funktion eines Kontrollorgans; es soll das ungestüme, zum Aufwallen neigende Blut bändigen. Aber auch dieser Gedanke wurde vor ihm schon von Hippokrates in seinen Schriften über das Herz, über die Weichteile, über die Bildung der Knochen und über die Anatomie formuliert: »Wie in einem Engpass (in der Brust) sitzt das Herz und hält gleichsam die Zügel des ganzen Körpers in Händen. Deshalb ist auch der Brustkasten die Stelle, an der sich vom ganzen Körper her das

Bewusstsein am stärksten kundgibt ... Auch das Warme ist am reichlichsten in den Adern und im Herzen, und infolgedessen behält das Herz, das der wärmste Teil im ganzen Menschen ist, den Lebenshauch (*pneuma*) ... Man kann sich leicht davon überzeugen, dass der Lebenshauch warm ist ... So sind diese (Herzklappen) schließend verfertigt, denn die Geist-Seele (gnome) des Menschen befindet sich in der linken Herzhöhle und herrscht über die übrige Psyche.« Nach dieser antiken Lehre gelangt das pneuma, also der Lebenshauch der Seele, vom Herzen aus ins Gehirn, wo es die sinnliche Wahrnehmung und die höhere Geistestätigkeit vermittelt.

Schon in der frühen Antike erscheint also das Verhältnis von Herz und Gehirn als ein gegensätzliches und konkurrierendes. Dahinter verbirgt sich die philosophische und religiöse Frage nach dem Wesen der menschlichen Seele und das Problem, ihr im Organismus eine »Wohnung« zu geben.

Dieses antike Problem ist bis heute nicht gelöst. Das äußert sich zum Beispiel in der Heftigkeit, mit der in unseren Tagen der Streit um die Organtransplantation geführt wird. Es ist zugespitzt die Frage, wann der Mensch tot ist, ob der Tod mit dem Erlöschen aller Gehirnfunktionen oder erst mit dem Erlöschen der Herztätigkeit eintritt. Es ist die Frage nach dem Wesen der menschlichen Seele.

Die Beziehung des Herzens zu Wärme und Energie, die Vorstellung des Herzens als brennendes Organ, ließ es von Anbeginn als Organ der Liebe erscheinen, zumal die Liebe von allen Gefühlen als das wärmste und intensivste empfunden wird. Die »Herzhaftigkeit« des Phallus passte gut in dieses Beziehungssystem. Als warmes beziehungsweise heißes Organ wurde auch der Phallus erfahren. Dem Verliebten wird ja nicht nur warm ums Herz, sondern als Begehrendem auch warm ums Geschlecht. Die Beziehung Herz-Phallus suchte man durch äußere Ähnlichkeiten zu begründen. Aristoteles sah vor allem in der Herzform der Peniseichel den Beweis, dass Herz und Phallus nur zwei Ausformungen eines organischen Grundprinzips sind: Leben und Lebenswärme zu spenden.

Später wird zum Beispiel Philon von Alexandria (ca. 10 v.Chr. – 50 n.Chr.), ein jüdisch-hellenistischer Theologe und Religionsphilosoph, der einen starken Einfluss auf die frühe christliche Theologie hatte, die Beschneidung damit begründen, dass die beschnittene Peniseichel dem Herzen so ähnlich sehe. Paulus, der Grieche, wird noch symbolträchtiger von der »Beschneidung des Herzens« sprechen. Davon war schon im Alten Testament die Rede gewesen. Der Prophet Jeremias ruft dort sein Volk zu Umkehr und Buße auf: »Beschneidet euch dem Herrn und tut weg die Vorhaut eures Herzens.« Die Rede war logischerweise nur an den männlichen Teil des Volkes gerichtet.

Nicht nur die Form des Penis, genauer: der Eichel, ließ den alten Griechen eine Beziehung zum Herzen nahe liegend erscheinen, sondern ebenso die Fähigkeit des Penis zur Eigenbewegung: das Pulsierende, Zuckende, sein Anschwellen und Erschlaffen. Herz und Penis wurden als verwandte Erregungszentren des Körpers aufgefasst. Für Aristoteles waren Herz und Phallus die »besonderen Lebewesen« unter den Organen, nicht zuletzt, weil sie »Lebensflüssigkeit« enthielten. Blut und Sperma sind aus aristotelischer Sicht nicht voneinander unterschieden. Der Same ist nur eine höhere Form des Blutes, gewissermaßen sein Endstadium, seine letzte und höchste Wandlungsstufe.

Das Herz wiederum ist nichts anderes als der zum Organ ausgewachsene Same. Umgekehrt wird der Same als eine aus dem Herzen kommende Flüssigkeit betrachtet.

Diese Sicht wird bei uns bis ins hohe Mittelalter vorherrschend sein. In der mystischen Herz-Jesu-Verehrung ist sie von unterschwelliger Bedeutung, und mit »unterschwellig« ist gemeint, dass sie ein hohes Maß an Verdrängung erfuhr. Denn Christus ließ sich nicht so ohne weiteres mit Geschlechtlichkeit in Verbindung bringen. Immerhin getraute man sich im Zusammenhang mit Gott von »des himmlischen Vaters Schoß und Herzen« zu sprechen. Der Gnostiker Basilides vertrat die Meinung, dass Gott die Welt nur als Same geschaffen habe, und dieser Weltsame, der alles Seiende im Kleinen enthielt, sei direkt aus dem Herzen des Vaters gekommen.

Zweifellos wurde hier nur der antike Uranos-Mythos gnostisch umgedeutet: Aus dem Phallus des griechischen Urgottes, der, von seinem Sohn Kronos mit einer Sichel abgeschnitten, ins Meer fällt, wird das Herz des Gottvaters. Das war aus aristotelischer Sicht korrekt, da Herz und Phallus so wenig voneinander unterschieden wurden wie Blut und Same. Auch im griechischen Mythos ist es so, dass Gaia, die göttliche Erde, von den Blutstropfen des kastrierten Gatten schwanger wird und die Erinnyen, die Giganten und die Eschennymphen gebiert, aus denen ein »hartes Menschengeschlecht« entstand. Der abgeschnittene Phallus des Uranos, dessen Same zum Schaum des Meeres wird, bringt Aphrodite (die Schaumgeborene), die Göttin der Liebe, hervor. In diesem Zusammenhang wird auch die Bedeutung des Wortes »Geschlecht« als »Familie, Stamm, Volk« verständlich: Der phallische Stammbaum wächst aus dem Herz-Samen des Urvaters hervor.

Der kastrierte, also geschlechtslose Uranos dauert in gewissem Sinn im geschlechtslosen christlichen Gottvater fort. Auch aus seinem Herzen (= Phallus) wird die Liebe geboren, freilich eine rein geistige, von der Körperlichkeit abgespaltene Liebe.

Nach Aristoteles entscheidet auch das Herz über das Geschlecht eines Menschen. Denn zuerst geht aus Blut (= Samen) das Herz hervor und kurz danach das Geschlecht, wobei die bessere oder schlechtere Qualität des Herzens darüber entscheidet, welches Geschlecht der entstehende Mensch bekommt. Die Frauen haben die schlechteren Herzen, und somit sind sie auch die schlechteren Menschen. Da sich die christliche Theologie auf der aristotelischen Philosophie begründete, muss es nicht weiter verwundern, dass die Frauen darin eine so untergeordnete Rolle spielen. Zwar wurde von der antiken Philosophie auch eine Beziehung zwischen Herz und Uterus konstruiert, doch der Uterus stellte für die Griechen ein äußerst rätselhaftes Organ dar, das sie mit einer gewissen Scheu betrachteten. Die Herzlehre der Griechen war phallisch dominiert.

Nur Platon macht hierin eine Ausnahme. Er weist dem Herzen von vornherein eine zweitrangige Rolle zu und unterstellt es der Herrschaft des Gehirns. Aber davon profitierten die Frauen nicht, obwohl sie im Besitz eines Gehirns sind. Denn auch Platon interpretiert die Vernunft, die im Gehirn waltet, als Manifestation des männlichen Prinzips. Er überließ das zweitrangige Herz den Frauen, indem es das weibliche Prinzip zu verkörpern hatte. Dazu passte dann auch die Beziehung Herz-Uterus, indem man das weibliche Herz als grundsätzlich hysterisch ansah. Die Gebärmutter heißt griechisch »hystera«. Die Frau ist herzlich-hysterisch, der Mann vernünftig.

Ganz verdrängen ließ sich die Geschlechtlichkeit der Frau jedoch nicht; man konnte sie nicht auf den Uterus reduzieren. Die Beziehung des Herzens zu Vagina und Klitoris wurde allerdings nicht philosophisch thematisiert, sondern fand nur einen schwachen Widerhall in der Symbolik: Sowohl Uterus als auch Vagina wurden oftmals in Herzform dargestellt. Überhaupt kann das Herzsymbol als eine phallisch-vaginale Mischform gedeutet werden, ähnlich dem Yin-Yang-Symbol im Taoismus. Es ist die Verschmelzung des Spitzen mit dem Runden zu einer einheitlichen harmonischen Form. Das Herzsymbol spricht von der letztlich bisexuellen Form alles Lebendigen.

Der Mensch der Moderne empfindet ein gewisses Unbehagen gegenüber den Manifestationen des Heiligen, wie sie ihm aus der antiken und vorantiken Welt überliefert sind. Es fällt uns schwer, zu begreifen, dass sich für den Menschen des Altertums das Heilige in einem Stein, einem Tier oder einem Himmelskörper offenbaren konnte. Es wird übersehen, dass es sich dabei gar nicht um eine Anbetung des Steines, Tieres oder Gestirns, also um einen Götzendienst handelt, sondern um Religiosität in ihrer elementarsten Form. Der heilige Stein, das heilige Tier, die heilige Sonne oder das heilige Herz wurden nicht als Stein, Tier, Sonne und Herz verehrt, sondern als Hierophanien, das heißt als Offenbarungen heiliger Realitäten. Sie zeigten etwas, das nicht mehr nur Stein, Tier, Sonne oder Herz war, sondern das »Heilige«, das »Ganz-Andere«.

Von allen Hierophanien, die die heidnische Frömmigkeit hervorgebracht hat, war der Sonnenkult zweifellos der stärkste, weil universellste. Er hat alle übrigen Kulte beherrscht. Das muss nicht erstaunen, ist doch die Sonne das alles beherrschende, mächtigste Gestirn am Himmel, jenes, das alles Leben auf der Erde erst möglich macht.

Der Sonnenkult war überall, wo er betrieben wurde, mit dem Herzkult aufs engste verbunden, und zwar in dem Maße, wie das Herz als mächtigstes »Organgestirn« im Mikrokosmos des menschlichen Körpers verstanden wurde. Wie die Sonne, so verkörperte auch das Herz für den antiken Menschen nichts anderes als Kraft, genauer: heilige und heilbringende Kraft. Verehrung von Sonne und Herz bedeutete Verehrung dieser heiligen Kraft und damit Teilhabe an ihr, ja überhaupt an der Wirklichkeit. Deshalb auch die enge Beziehung vieler Helden des Mythos zur Sonne und ebenso zum Herzen, womit vor allem ihr eigenes gemeint ist. Das Herz symbolisiert die Kraft und den Mut des Heroen, seine Beherztheit, mit der er in den Kampf zieht oder Abenteuer besteht. Oft wird der Heros mit der Sonne sogar gleichgesetzt. Wie diese kämpft auch der Held gegen die Mächte der Finsternis und des Bösen, steigt auch er ins Reich des Todes hinab und von dort als strahlender Sieger wieder empor.

Die männlichen Sonnengötter treten erst in den Hochkulturen machtvoll in Erscheinung. Davor dürften eher die weiblichen Erdgottheiten bestimmend gewesen sein. Die verblüffende Ähnlichkeit zwischen den altägyptischen und den alten amerikanischen Sonnen- und Herzkulten lässt darauf schließen, dass die Menschheit überall dort, wo sie zu erster hoher Kulturblüte gelangte, vorrangig Sonnengöttern gehuldigt hat.

Nicht nur die alten Ägypter, sondern ebenso die alten semitischen Stämme der vormosaischen Zeit haben Sonnengottheiten verehrt. Ein Indiz dafür wäre zum Beispiel die Figur des Simson aus dem Alten Testament. Simson ist, wie auch etymologisch aus seinem Namen hervorgeht, der Sonnengott des alten semitischen Heidentums. Er entspricht in auffallender Weise dem Herakles der griechischen Mythologie. Auch Herakles ist eigentlich ein Sonnengott, oder besser, ein Sonnenheros. Beide, Simson und Herakles, zeigen unverkennbar die Züge Apollons: Wie dieser, so tragen auch sie das Haar lang. Die langen Haare stehen für die Strahlen der Sonne, das heißt für deren Kraft. Beiden ist als Symboltier der langmähnige Löwe zugeordnet. Im Zeichen des Löwen erreicht die Sonne ihre höchste Kraft.

Als Metall wurde der Sonne das strahlende Gold zugeordnet. *Aurum* (lat. Bezeichnung für Gold) bildet eine ganze Wortfamilie, in der sonnenähnliche Strahlkraft zum Ausdruck kommt. So ist die Aureole, der Heiligenschein um die Göttergestalt, vergleichbar jenem Lichthof um die Sonne, der durch Wolkendunst hervorgerufen wird. In der alten Medizin wurde Gold zur Heilung kranker oder geschwächter Herzen verabreicht, das heißt als Heilmittel für die kranke Seele, die im Herzen wohnt.

Hierzu passt sehr schön die Bibelgeschichte von Moses und seinem abtrünnigen Volk: Das Goldene Kalb, das sich das Volk Israel während Moses' Abwesenheit schuf, um etwas zum Anbeten zu haben, wird von Moses nach dessen Rückkehr vom Berg Sinai nicht nur zerstört, sondern er zermahlt das Gold zu feinem Staub, mischt es mit Wasser und gibt es seinem glaubens-, das heißt seelenschwachen Volk als Medizin zu trinken. Der Frevel wird mit dem Gegenstand des Frevels geheilt.

Das ist das Grundprinzip der Klassischen Homöopathie: Ähnliches ist mit Ähnlichem zu heilen, wobei das Mittel in feinster Verdünnung (potenziert und verschüttelt) gegeben wird. Moses wäre somit der erste homöopathisch praktizierende Arzt, von dem wir wissen. Interessant ist, was die Homöopathie über die Heilwirkung des Goldes weiß. Georgos Vithoulkas sagt in seinem Buch »Essenzen Homöopathischer Arzneimittel«: »Aurum ist ein Arzneimittel, das bis in die tiefsten Regionen des menschlichen Organismus vordringt, und es ist manchmal erstaunlich, welche Veränderungen es vollbringt. Patienten mit tiefen Depressionen entwickeln wieder wahre Freude am Leben. Weil sie wissen, wie schrecklich die Dunkelheit um sie herum war, schätzen sie nun umso mehr das neu gefundene Licht, das nun in ihrem Innern brennt.«

Aurum-Patienten leiden oft unter dem Gefühl der Unwürdigkeit und Verzweiflung; sie denken, sie seien verdammt. Dieses Gefühl dürfte auch das Volk Israel befallen haben, als ihm durch Moses' Zorn der Verrat an seinem neuen Gott zu Bewusstsein kam. Doch das anschließend von Moses verabreichte Gold steht für das Licht der Sonne, es vertreibt die Finsternis aus Herz und Seele. So galt auch früher das goldene Herz – als Amulett auf der Brust getragen – als Abweiser von Krankheiten, besonders jener des Herzens.

Alle Hochkulturen, so könnte man zugespitzt formulieren, waren Sonnen- und Herzkulturen. Das gilt ganz besonders für die altägyptische Kultur und die indianischen Kulturen Mittel- und Südamerikas, die sich, obwohl geographisch weit voneinander entfernt, durch eine große Ähnlichkeit in ihren kultischen Ausdrucksformen auszeichnen. Im Zentrum beider Kulturen, genauer: ihres religiösen Systems, steht die Verehrung der Sonne. Sie erreichte im alten Ägypten während der kurzen Herrschaft des Pharaos Echnaton ihren höchsten Ausdruck. Im berühmten Sonnenhymnus des Echnaton wird das große »Weltherz« verehrt, das die Frucht im Leib der Frauen wachsen lässt und den Samen des Mannes »erweckt«. Am Ende des Hymnus heißt es: »Du Sonne bist das Pochen in meinem Herzen!«

Dass die Sonne als Herz bzw. das Herz als Sonne aufgefasst wurde, zeigt schon, dass es im Sonnenkult der alten Hochkulturen gar nicht so sehr um die Verehrung des Tagesgestirns ging, sondern um ein geistiges Prinzip, das man sowohl in der Sonne als auch im Herzen vergegenständlicht sah: die Leben spendende Kraft schlechthin. Für die in den alten Hochkulturen zentrale Sonnenverehrung gab es einen einfachen Grund: Diese Kulturen begründeten sich auf dem Ackerbau, und dieser hängt auf Gedeih und Verderb von der Sonnenkraft ab.

Die eigentliche kultische Leistung bestand jedoch darin, die abstrakte, *energetische* Kraft der Sonne mit der Energie des Herzens gleichzusetzen. In der Tat war es so, dass die alten Sonnen- und Herzkulte keine direkte Anbetung der Sonne oder des Herzens bedeuteten. Vielmehr wurden Wärme und Kraft, die von Sonne und Herz ausgehen, mit einem gestaltlosen Gott identifiziert. Darin drückt sich das für alle Hochkulturen typische Streben aus, zu einer Ordnung der archaischen Göttervielfalt zu gelangen und eine echte Mensch-Gott-Beziehung herzustellen. Sonne und Herz waren nur noch Symbole des einen Gottes.

Mit Hilfe dieser Symbole fand eine Vergeistigung der alten Gottesauffassungen statt. Gott offenbarte sich nicht mehr in unzähligen Aspekten der Natur, für die die Unzahl der archaischen Gottheiten stand, sondern ausschließlich in der Sonnenscheibe beziehungsweise im Herzgefäß. Wärme und Licht der Sonne, aber auch Wärme und Lebenskraft des Herzens, wurden zu Synonymen einer allumfassenden göttlichen Energie. Man kann nicht oft genug betonen, dass jede Hierophanie – selbst jene des christlichen Gottes im Menschen Jesus – ein Paradoxon darstellt: Indem ein Gestirn, ein Organ oder ein ganzer Mensch das »Heilige«, das »Ganz-Andere« offenbart, wird *es* selbst, wird *er* selbst, zu etwas ganz anderem. Letztlich kann sich für einen religiös empfindenden Menschen die ganze Natur als kosmische Sakralität offenbaren. Der Kosmos als Ganzheit wird so zur Hierophanie, zur Offenbarung des Göttlichen. Für den religiösen Menschen ist die Natur niemals nur »natürlich«; sie ist in jedem ihrer zahllosen Aspekte von religiöser Bedeutung erfüllt.

Und so muss man auch die »Vielgötterei« der ägyptischen oder anderen Hochkulturen verstehen: als Verehrung von unterschiedlichen Aspekten des einen Ganzen. Diese Sichtweise führte auch dazu, dass in den überlieferten Sonnenkulten oft mehrere Sonnengötter nebeneinander existierten, obwohl es nur eine einzige Sonne gibt. Der Grund dafür ist, dass die verschiedenen Sonnengötter nur verschiedene Aspekte des Gestirns verkörperten, wie sie sich zum Beispiel in den Tageszeiten kundtun.

So manifestierte sich in der altägyptischen Mythologie die Morgensonne in Gott Chepre (der Entstehende), bildlich dargestellt im Skarabäus. Die Tagesgestalt der Sonne erkannten die alten Ägypter in Gott Harachte, der als Sonnenfalke über den Himmel zieht. Die Abendgestalt der Sonne wiederum wurde in Gott Atum (der Undifferenzierte) verehrt. Doch hinter den einzelnen »Gott-Teilen« stand stets der eine gestaltlose Gott, wie ihn dann Echnaton in Aton verehrte. Damit versuchte er, einen ersten reinen Monotheismus durchzusetzen.

Vom einfachen Volk musste Echnatons Glaube an den einen gestaltlosen Gott als Verlust religiöser Inbrunst und

Tiefe empfunden werden. Deshalb scheiterte er auch mit seinem revolutionären Versuch einer Vergeistigung der Gottesauffassung. Im Grunde scheiterte er daran, dass die Ägypter stets nur einen einzigen Gott gehabt hatten, dessen zahlreiche Aspekte sie in verschiedenen Göttergestalten nur kultisch manifest machen wollten.

Aber was hat all das mit dem Herzen zu tun? Sehr viel, wie ich meine. Denn das Herz erhielt selbst eine göttliche Qualität, indem es mit einem besonderen Aspekt der höchsten Sonne verknüpft wurde: mit der Unsterblichkeit. Das Herz war, mehr als jedes andere Organ, ein Garant der Unsterblichkeit, oder besser: der Wiedergeburt. Im Herzen des Mikrokosmos verkörperte sich die aufgehende Sonne des Makrokosmos, jenes Gestirn also, das jeden Morgen aufs Neue geboren wird.

Wie erwähnt, war die Morgensonne bei den alten Ägyptern in der Gestalt des heiligen Skarabäus verkörpert. Das menschliche Herz aber wurde ebenfalls mit ihm, dem Mistkäfer, identifiziert. Deshalb legte man dem einbalsamierten Pharao einen großen steinernen Skarabäus auf die Brust – als eine Art Schutzamulett, welches das physische Herz daran hindern sollte, beim Totengericht im Jenseits gegen den Toten auszusagen. Das Herz war des »Menschen eigener Gott«, das mit Gott sprechende und auf Gott hörende Herz. Es ist »ein Orakel des Gottes in einem jeden«. Und in ihm wurde nun die alte und allgemeine Beziehung Sonne-Herz zur religiösen Beziehung zwischen Gott und Mensch erweitert.

Zusammen mit den Nieren war das Herz das einzige innere Organ, das im Leichnam des toten Pharaos belassen wurde, während alle übrigen Organe und die Eingeweide entfernt und in besonderen Gefäßen, den Kanopen, aufbewahrt wurden. Das Herz musste im Körper verbleiben, weil es für das Fortleben im Jenseits notwendig war. Dort wird es vom Totenrichter verhört und gewogen. Bleibt die Waage, auf die das Herz gelegt wird, im Lot, erlangt der Tote Unsterblichkeit. Ist das Herz aber von schlechten Taten beschwert und sinkt die Waagschale, so wird der Tote von der »Verschlingerin«, einem Ungeheuer mit Löwenleib und Krokodilkopf, gefressen. Das Herz trägt somit den gültigen und bleibenden Kern der Persönlichkeit ins Jenseits.

Diese altägyptische Vorstellung des Totengerichts wirkt bis in die christlichen Jenseitsvorstellungen fort, etwa in jener von Strafgericht und Hölle, wobei der Erzengel Michael die Rolle des Wägemeisters übernimmt.

Der Herz-Skarabäus war gleichsam der steinerne Knoten, der die Mumie des Toten symbolhaft zusammenhielt und seine Wiedergeburt garantierte. Denn das Herz wurde von den alten Ägyptern, wie auch von den Griechen, als Knoten des Aderngewirrs aufgefasst. Auch unser Herzsymbol lässt sich ja durch geschickte Knotung einer Schleife mühelos herstellen. Ganz allgemein hat jeder Knoten die Neigung zur Herzform. Das »anch«-Zeichen der alten Ägypter, »Lebenszeichen« oder »Lebensschlüssel« genannt, zeigt ebenfalls die Knotenform.

In gewisser Weise versinnbildlichte der steinerne Herz-Skarabäus auch die Hartherzigkeit des Pharaos, der das altägyptische Ideal des »wie Stein gefestigten Menschenherzens« aufrechterhalten sollte. Damit ist das Herz im altägyptischen Verständnis ein äußerst widersprüchliches Organ: In ihm vereinen sich das Ideal der Gefühlshärte und Seelenkälte mit dem Ideal der warmen Empfindung, der Freude und des

Mitgefühls. Doch alles antike Denken – voran der Mythos – ist widersprüchlich.

Die Widersprüchlichkeit in der altägyptischen Vorstellung vom Herzen zeigt sich auch darin, dass zwei verschiedene und oft auch gegensätzliche Geisteskräfte, nämlich Gefühl und Verstand, diesem Organ zugeordnet werden. Der alte Ägypter fühlte nicht nur mit dem Herzen, sondern er dachte und überlegte mit ihm. Ein »herzloser« Mensch war weniger ein gefühlskalter als ein dummer Mensch. »Das Herz«, so heißt es in einer altägyptischen Schrift aus dem 3. Jahrtausend v.Chr., »ist es, das jede Erkenntnis entstehen lässt; die Zunge ist es dann, die wiederholt, was vom Herzen erdacht wurde.«

Diese Verdoppelung des Ichs im Herzen wird in altägyptischen Darstellungen sehr schön in der Visualisierung des Angstgefühls sichtbar, dieses Außer-Sich-Seins, das wir dabei empfinden: Das Herz tritt aus dem Körper heraus als sein Alter Ego.

Das Herz ist aber auch das Organ des Willens. Das altägyptische Wort »ib« für Herz bedeutete in der Tätigkeitsform »etwas wollen«. Nun kann der Mensch aber auch etwas Falsches wollen, und damit wird sein Herz zum Schicksalsorgan. »Es ist das Herz«, so liest man in dem genannten Text, »das einen Mann zu einem Hörenden werden lässt oder zu einem, der nicht hört. Leben, Heil und Wohlergehen eines Menschen bedeutet sein Herz.« Im Knoten des Herzens laufen nicht nur die Blut-, sondern auch die Schicksalsstränge zusammen. So werden »Herz« und »Schicksal« zu Synonymen.

Das Herz ist jedoch keine selbständige, willkürlich tätige Instanz, sondern selbst nur ausführendes Organ einer übergeordneten göttlichen Macht. Der Mensch nimmt über das Herz die göttlichen Weisungen entgegen, die er freilich auch in den Wind schlagen kann. Das Herz ist gleichsam die Vermittlungs- und Kontaktstelle zwischen Mensch und Gottheit. Das Herz war zwar das Organ des Willens, doch dieser wurde ferngelenkt durch die göttliche Schicksalsmacht, ähnlich wie man es später in den griechischen Tragödien wieder finden wird.

Als Vermittlungsorgan zwischen Mensch und Gott steht das Herz für das Maß der Mitte; es ist sowohl ein Sinnbild für Ausgleich und Ausgeglichenheit als auch für Gerechtigkeit und Gerichtsbarkeit. Der ausgeglichene Mensch ist der Mensch in der Waage. Nicht die Extreme, sondern die ausgleichende Mitte führen auf den rechten Weg. Das Herz als Mitte der Person und innerer Gesprächspartner wird zur vermittelnden Instanz und damit zur Instanz der Vernunft, die die widerstreitenden Kräfte des inneren und äußeren Lebens ordnet. Damit steht das Herz letztlich für die Ordnung der Welt im Ganzen, für das Gesunde, Heile und Heilbringende.

Über das Herz die Gottheit berühren

Bei dem beschriebenen Herz- und Sonnenkult haben wir es mit einem überkulturellen Phänomen zu tun. Die Sonne als Zentralgestirn und das Herz als Zentralorgan werden zu einer Art Doppelsymbol antiker Gottsuche. Die Sonne symbolisiert die Suche nach Gott dort draußen, das Herz die Suche nach Gott in einem selbst. Gemeint ist dabei stets ein und derselbe Gott.

Stärker noch als bei den alten Ägyptern sind bei den indianischen Hochkulturen der Azteken, Inkas und Mayas der Herz- und Sonnenkult zu einer kultischen Einheit verschmolzen, freilich auf eine Weise, die uns heute als ungemein grausam erscheint. Die aztekischen Opferrituale für den Sonnengott bestanden aus einem Massenabschlachten von Abertausenden von Kriegsgefangenen, denen in einem feierlichen Ritual das Herz bei lebendigem Leib herausgeschnitten wurde. Man muss sich allerdings davor hüten, diese Opferrituale von seiner modernen Warte aus als sadistische Folter oder krankhaften Massenblutrausch abzutun. Es ging dabei um nichts Geringeres als um Heiligung der höchsten Gottheit und um Teilhabe an ihrer göttlichen Kraft; es ging um den Erhalt der göttlichen Weltordnung.

Es scheint, dass das Blutopfer am Ursprung aller menschlichen Religiosität stand, wobei zuerst das Menschenopfer praktiziert und dieses erst später durch das Tieropfer ersetzt wurde. Noch später trat an die Stelle des Tieropfers das Gebet. Beten ist sublimiertes Opfer. Vom Standpunkt des archaischen Menschen war es nur konsequent und richtig, der höchsten Gottheit das Höchste zu opfern, das man besaß: das menschliche Leben.

Im Menschenherzen und Menschenblut brachten die Azteken die Lebensessenz schlechthin dar, eben das, was der Sonnengott selbst war. Dem Gott wurde symbolhaft seine eigene göttliche Kraft zum Opfer gebracht, ja man könnte sogar sagen: Die Gottheit selbst wurde geopfert. Denn nur der Gottesmord lieferte den Beweis, dass die Gottheit unsterblich ist. Das aus dem lebendigen Körper gerissene Herz, das, noch zuckend, der Sonne entgegengehalten wurde, versprach die höchste kultische, das heißt theatralische Wirkung und garantierte so die höchste Bindungskraft innerhalb der versammelten Kultgemeinde. So makaber es klingt: Es war keine stärkere religiös-rituelle Handlung denkbar als das Herausreißen des Herzens aus einem lebenden Menschen. Der Tod der Opfer war ein »göttlicher Tod«, der direkt zum ewigen Leben ins »Haus der Sonne« führte. Die Opferung bedeutete nicht strafende Vernichtung, sondern ehrenvolle Erhöhung.

Die alten Völker Mittel- und Südamerikas waren also sowohl Völker der Sonne als auch des Herzens – und nebenbei auch noch Völker des Goldes. Sonne, Herz, Gold bezeichneten die drei kultischen Säulen, auf denen das religiöse System fußte. Zwar steht das Herzopfer der amerikanischen Hochkulturen einzigartig da in der Kulturgeschichte der Menschheit, doch es gibt im altägyptischen Massenopfer, das in einigen Dynastien praktiziert wurde, eine verblüffende Parallele: Es wurden die Phalli der Kriegsgefangenen der Gottheit geweiht.

Zentraler Antrieb aller Sonnen- und Herzkulte, egal, in welcher Kultur sie stattfanden, war die Angst. Angst ist die treibende Kraft jeder Religion und Religiosität. Religion meint im Wesentlichen den Versuch, die Angst vor dem unentrinnbaren Ende zu bannen und zu überwinden. Die Religion ist aus der Angst geboren. Religion ist ein Aufbegehren des Menschen gegen die Mächte des Schicksals und des Unbegreiflichen. Zu diesem Zweck haben die Religionen aller Zeiten und Kulturen ein System von Riten, Kulten, Glaubenssätzen, Gebeten und Jenseitsvorstellungen entwickelt, um diese Urangst in Hoffnung umzuwandeln. Von daher bedeutet Religiosität nichts anderes als das Urgefühl der Sehnsucht – die Sehnsucht des Sterblichen nach Unsterblichkeit, Wiedergeburt und Erlösung.

Angst ist jenes starke Gefühl, das als Enge in der Brust, als ein Zuschnüren der Kehle oder als Beengtheit des Herzens körperlich wahrgenommen wird. Das Wort »Angst« leitet sich von »Enge« ab. Auch das lateinische Wort »angina« ist mit dem Wort »Enge« urverwandt.

Die rhythmische Bewegung ist, wie wir schon im ersten Kapitel gesehen haben, das Grundprinzip, das dem Herzen wie dem gesamten Kosmos eigen ist. Dies wird auch in der aztekischen Sprache deutlich, wo die Wörter »Herz« (Yollotl), »Seele« (Yoliatl) und »Leben« (Yoliliztli) auf die gleiche Wurzel zurückgehen, nämlich »Bewegung« (Yolli). Man darf in diesem Zusammenhang nicht vergessen, dass sowohl die alten Ägypter als auch die alten amerikanischen Kulturen nicht nur eine kultische, sondern ebenso eine wissenschaftliche Beziehung zum Kosmos hatten. Diese Kulturen waren zum Beispiel fasziniert vom Lauf der Zeit und dem Lauf der Gestirne. Herzrhythmus und Rhythmus der Gestirne stellten sie in genaue Beziehung zueinander. So berechneten die Maya den Mondmonat auf 23 Sekunden genau, also 23 Herzschläge.

Besonders intensiv, das heißt angstmachend, wurde die Beziehung zwischen Herz und Kosmos immer dann gespürt, wenn der kosmische Rhythmus augenscheinlich aus dem Takt geriet, etwa bei einer Sonnenfinsternis oder einem Erdbeben. Vor allem eine Sonnenfinsternis musste jede Religiosität, die die Sonne als Symbol der höchsten Gottheit verehrte, zutiefst erschüttern und die existenzielle Urangst spürbar machen – und zwar im Herzen! In solchen Momenten fühlte der Mensch die direkte Verbindung seines Herzens mit dem Kosmos. Er spürte sie ganz körperlich: als gesteigerter Rhythmus des Herzens, als Panik und Schrecken. Im Herzen sprach die Gottheit, deren Antlitz sich gerade verfinsterte.

Solche Krisen führten verständlicherweise zu einer regelrechten Opferbesessenheit; sie war der verzweifelte Versuch, die zürnende Gottheit milde zu stimmen. Denn es drohte das Furchtbarste, das der Mensch zu denken wagte: das Versiegen der göttlichen Kraft, der Untergang der Welt. Nur Opferblut, und zwar in Strömen vergossen, konnte den aus dem Gleichgewicht geratenen Kosmos wieder harmonisieren. Blut war »der Mörtel des rituellen Lebens«. So wie der Mais als Hauptnahrungsmittel und Sinnbild des Lebens ohne menschliche Fürsorge und ohne Sonnenlicht nicht gedieh, benötigte der Kosmos menschliches Blut, um fortbestehen zu können.

»Wie verständlich«, schreibt Ernst Jünger in seinem Buch »Das abenteuerliche Herz«, »sind jene Priester Montezumas, die Tag für Tag über ihre Opferblöcke von Obsidian das Herzblut der Menschen, das ›Edelsteinwasser‹ springen ließen. Sie hoben den zuckenden Muskel, den sie mit steinernen Messern dem Dunkel der Brust entrissen hatten, unter Musik und dem Blitzen goldener Idole empor, gleichsam um dem höchsten Wesen zu zeigen, dass das anvertraute Erbteil, die große Kraft noch nicht ausgestorben sei.«

Es darf allerdings nicht übersehen werden, dass die Herzopfer vor allem ein Kult für das Volk waren. Die Volksmasse betete die Sonne an, die Elite hingegen rief ein abstraktes, unsichtbares und unerkennbares Wesen an – wie das auch zur Zeit Echnatons in Ägypten der Fall war. Zum Beispiel beteten die Inka-Könige und ihre Priesterphilosophen zwar auch die Sonne als ihren sichtbaren Gott an, doch sie hatten mit ihrem philosophischen Verstand längst die Spur des wahren und höchsten Gottes gefunden, jenes »Herrn, der Himmel und Erde erschaffen hat« – und auch die Sonne! Doch diese hochphilosophische Gottesvorstellung war dem einfachen Volk nicht zu vermitteln. Dieses höchste, über dem Sonnengott stehende Wesen nannten die Inkas »Pachacámac«: »Der dem Universum die Seele verleiht«.

Nirgendwo wurde der Kult um das Herz so sehr auf die Spitze getrieben wie in den amerikanischen Hochkulturen. Er steht einzigartig da in der Menschheitsgeschichte. Den Gegenpol zu dieser radikalen religiösen Inszenierung des Herzens stellt die östliche Interpretation des Herzens als »Organ des Glaubens« dar. Es ist eine stille, unspektakuläre Deutung, die zu keinem Herzkult und erst recht zu keinem Herz-Opferkult führte. Das macht sie auch für das moderne Denken so sympathisch und nachvollziehbar. In der taoistischen Philosophie des alten China zum Beispiel hat das Herz den Charakter eines spirituellen Sinnesorgans, das freilich als solches erst geschult werden muss.

Auch im Taoismus ist das Herz eine Art Knoten, über den sämtliche Körperteile an das Tao, den rechten Weg, angeschlossen sind. Allein das Herz vermag Tao zu erkennen, das heißt den Sinn der Schicksalsmacht und der Bestimmung. Und das geschieht nicht durch rationales Denken und forschendes Wissen, sondern durch Ruhe, Gelassenheit und Leere. Diese Sichtweise wird vielleicht am besten verdeutlicht durch ein klassisches taoistisches Paradoxon: »Das Herz nimmt ständig Eindrücke auf, aber es hat trotzdem Leere. Das Herz hat immer Fülle und Mannigfaltigkeit, aber es hat trotzdem Einheit. Das Herz ist immer in Bewegung, aber es hat trotzdem Ruhe.«

Damit wird das Herz zum geistigen Zentrum des Menschen erhoben, mehr noch: zum Repräsentanten des gesamten Universums, zu einer Art von geistigem Weltzentrum. Der ganze Kosmos findet im Herzen Platz –

man muss sich nur auf den rechten Weg begeben, damit dies gelingt. Unnötig zu sagen, dass dieser Weg schwierig, beschwerlich und langwierig ist. Das Ziel hat man erst als Heiliger und Meister erreicht. Je mehr sich der Mensch vom Zweifeln, Herumsuchen und Streben befreit und das Glück der wunschlosen Leere erreicht, umso mehr wird das Herz eins mit dem Weltall. Dieses Einssein wird zur letzten tragenden Einsicht; sie ist identisch mit dem »Glanz des Himmels«.

Tao findet nur Platz in einem leeren Herzen. Und so wird ein Herz, das nichts mehr aufnimmt von außen, das nichts mehr beurteilt und wertet, nicht mehr unterscheidet zwischen Recht und Unrecht, Gut und Böse, Schön und Hässlich, im Taoismus als »Leere-Herz« bezeichnet. Dieses Herz ist gleichzeitig auch ein »Ruhe-Herz«. Ein Mensch mit solch einem Herzen will nichts mehr haben. Auf diese Weise verwandelt sich das Organ der Bewegung und Unruhe in ein Organ der Leere und Unbewegtheit. Im Herzen lösen sich die Gegensätze auf.

So sehr der Begriff »Herz« in der taoistischen Lehre zu etwas Abstraktem, Immateriellem wird, zu einem Synonym für »Tao«, so sehr bleibt es im chinesischen Denken immer auch das physische Organ. Aufgrund seiner zentralen Stellung im Körper wird das Herz aber selbst hier zum Träger von Funktionen, die letztlich das gesamte Universum umfassen. Der Körper ist Abbild des Kosmos: »Deshalb ist der Kopf rund als Abbild des Himmels«, sagt der Taoist Huainantse, »und die Füße sind viereckig als Abbild der Erde. Der Himmel hat die vier Jahreszeiten, er hat fünf Elemente, neun Kardinalpunkte und 366 Tage. Der Mensch hat vier Glieder, fünf Eingeweide, neun Öffnungen und 366 Gelenke. Der Himmel hat Wind, Regen, Kälte und Hitze. Der

Mensch hat Aufnehmen, Abgeben, Freude und Ärger.« (Eichhorn, in: Thomae)

Die menschlichen Organe werden mit den kosmischen Kräften in direkte Beziehung gesetzt. So entspricht die Galle den Wolken, die Lunge dem Lufthauch, die Leber dem Wind, die Nieren dem Regen und die Milz dem Donner. Aber das Herz ist »der ganze Herr«. Ist das Herz geordnet und in Ruhe, so sind auch alle Glieder und Organe in Frieden, soll heißen: gesund. Das Herz wirkt immer dann am positivsten auf den gesamten Organismus ein, wenn man nichts mehr von ihm merkt, wenn es unbewegt bleibt von den äußeren Reizen, ja selbst von den heftigsten Erschütterungen des Lebens. Es ist deshalb nur logisch, dass das chinesische Schriftzeichen für »Herz«, »hsin«, auch die Bedeutung »Zentrum, Mittelpunkt« hat.

Da es im altchinesischen Denken keine Trennung zwischen der physischen, psychischen, ethischen, politischen, mystischen Ebene des Daseins gibt, vielmehr alles miteinander in Wechselbeziehungen steht, hat es auch keinen Sinn, etwa das kranke Herz eines Menschen isoliert zu betrachten. Vielmehr drückt sich im kranken Herzen eine gestörte Beziehung zur kosmischen Ganzheit aus. Das Erkranken des Herzens vermeidet, wer sich um den rechten Weg (Tao) bemüht, um die Einheit von Herz und Tao.

Das Herz muss von dem befreit werden, was seiner natürlichen Bestimmung, nämlich Mitte und ruhender Pol zu sein, widerspricht: Man muss sein Herz fest in die Hand nehmen, damit es seinerseits festen Halt verleiht, man muss das Herz auf sich selbst konzentrieren, damit es zum persönlichen Zentrum werden kann. Das Ziel heißt: Das Herz ergreifen und ablösen von den Dingen der äußeren Welt, damit es schließlich dort zu Hause ist, wo nichts ist. Wenn nichts mehr eine Wichtigkeit hat, kein Ding mehr eine Bedeutung beanspruchen kann, dann geht das Herz von selbst in Leere und Nichtsein ein. Man muss den verdeckenden Unrat vom Herzen entfernen, damit die »Wurzel des Geistes« frei werden kann. Wer nur darauf wartet, dass das Herz von selbst fest und ruhig wird, der betrügt sich. Wer sich in allen Angelegenheiten betätigt und dabei meint, das Herz würde davon nicht infiziert, der irrt von Grund auf.

Nun sind das allesamt ziemlich orakelnde Weisheitslehren, die man weniger mit dem Verstand ergründen sollte als mit der Intuition.

Die Vorstellung vom Herzen als einem mystischen Organ, über das der Mensch geistigen Zugang erlangt zu den Schicksalsmächten, ähnelt in vielem der »unio mystica«, von der die christlichen Heiligen berichten. Das gilt natürlich vor allem für die so genannte *Herzmystik*. Freilich ist sich der christliche Mystiker, anders als der taoistische oder buddhistische, stets der grundsätzlichen Getrenntheit von Gott und Mensch bewusst. Jede mystische Vereinigung mit Gott ist nur von kurzer Dauer. Danach erfährt sich der Mensch wieder in seiner begrenzten Geschöpflichkeit, in der Gewissheit, dass er im Sündenfall grausam wegstürzte von Gott. Dieses christliche Dilemma ist begründet in der grundsätzlichen Trennung von Körper und Geist, die das östliche Denken so nicht kennt. Wenn überhaupt, dann spürt man das Einssein mit Gott immer nur im Geiste, doch niemals im Körper. Das östliche Denken hingegen, weil es stets die universale Ganzheit im Auge hat, sucht auch im menschlichen Individuum das Eine: Wo alles eins ist, müssen auch Körper, Geist und Seele eins sein.

In Jesus selbst, obwohl in seiner Lehre viel »Östliches« zu spüren ist, wird diese Spaltung bereits sichtbar. Er ist Sohn eines Gottes, aber nicht Sohn einer Göttin. Der väterliche göttliche Geist konkurriert mit dem mütterlichen menschlichen Körper. Das wird auch deutlich in der Doppelung des Namens: Jesus Christus. Jesus ist die menschliche, das heißt sterbliche Seite der Gottheit; Jesus ist einer von uns. Der Mensch Jesus stirbt am Kreuz, doch als Christus wird er wiederauferstehen. Der auferstandene Heiland ist nicht mehr Mensch, sondern reine Gottheit, Emanation des Göttlichen. Den Unterschied spürt man sehr eindringlich in den Schriften des Neuen Testaments: Jesus war unter den Jüngern als Mensch – Christus hingegen ist Erscheinung. Der Auferstandene gehört nicht mehr den Sterblichen an.

Auch bei Jesus Christus wird nun das Herz zum symbolhaften Knoten, der das Menschliche mit dem Göttlichen in ihm vereint. Dass das Herz diese Rolle übernehmen kann, ist begründet in der antiken kultischen Tradition, vor allem der griechischen. Denn das Christentum hat viele Aspekte der antiken Kulte in seine eigenen integriert – mit ein Grund für den großen Erfolg des Christentums: Es baute im Kultischen auf heidnischem Fundament auf. Deshalb treten auch in der Ikonographie des Heilands unverkennbar die Züge der antiken griechischen Sonnengötter hervor, vor allem jene des Gottes Apollon. Wie der griechische Lichtgott, so wird auch Christus mit langen Haaren, den uralten Attributen des Sonnengottes, dargestellt. Typisch apollinisch ist auch die strenge Klarheit Christi, sein überlegener Geist, sein gebieterischer Wille zur Einsicht, zur Wahrheit, zum rechten Maß und zur Ordnung.

Das erste und bedeutendste Zeichen Christi, insbesondere des Auferstehungs-Heilands, ist die Sonne – und nicht das Kreuz! Das Osterfest ist ein Sonnenfest. Nicht umsonst haben sich in ihm unzählige heidnische Sonnen- und Fruchtbarkeitsbräuche bis auf den heutigen Tag erhalten. So liest man etwa im Schott, dem katholischen Liturgiebuch: »Die Sonne, das strahlende Bild des triumphierenden Heilandes.« Zum Bild Christi als Sonnengott passt der Bericht der Evangelisten, dass sich mit dem Tod Jesu am Kreuz die Sonne verfinstert hat.

Aber auch das Weihnachtsfest ist, von seinen heidnischen Wurzeln her, als ein Sonnenfest zu deuten. Der 25. Dezember war von jeher der Geburtstag aller östlichen Sonnengötter. Es war auch der Festtag des spätrömischen Deus Sol Invictus (Der unbesiegbare Sonnengott). Was lag näher, als ihn später zum Geburtstag des »Sonnengottes« Christus zu machen, da doch der tatsächliche Geburtstag Jesu nicht überliefert ist. Für das Christentum war dies auch gar nicht wichtig, denn letztlich wird in Christus die Inkarnation des einen, abstrakten Gottes verehrt, und nicht die historische Figur des Jesus von Nazareth.

Von daher war es nur klug, Christus mit den Attributen eines antiken Sonnengottes auszustatten, erlebte der Sonnengott doch gerade in der römischen Spätzeit eine letzte starke Blüte. Die eigentliche Vermittlung zwischen den beiden ursprünglich feindlichen Kulten geschah durch die neuplatonische Philosophie, die vor allem durch Paulus ins Christentum eingebracht worden war. Der Neuplatonismus hatte sich nämlich des alten griechischen Sonnengottes Helios bemächtigt und ihn der eigenen Weltordnung eingefügt. Helios spielte freilich in der griechischen Mythologie keine herausragende Rolle. Als Sproß der Titanen gehörte er zu jenen Urgottheiten, die von den Olympiern gestürzt worden waren. So kam es, dass nicht Helios, sondern Apollon zum wahren Sonnengott der Griechen avancierte.

Helios war für die alten Griechen vor allem eine göttliche Vaterfigur, ein alles schauender und hörender Zeuge der menschlichen Taten, eine Art von höherem Gewissen, das über den Menschen schwebte und zur Bezeugung der Wahrheit angerufen wurde. Damit ähnelt Helios in auffallender Weise der christlichen Vorstellung eines Gott-Vaters. Im Grunde war Helios nur eine poetische Gestalt; er hatte weder Tempel noch Statuen, noch einen Kult.

Apollon, obwohl ein Sohn des Zeus, trägt jedoch unverkennbar die Züge eines Helios-Sohns. Wie Christus, so versteht auch Apollon sich als Sohn des Gottvaters und verkündet dessen Wort und Willen. Das religiöse Bild des zur Rechten seines Vaters sitzenden Christus ist nur eine Variante des rechts von Zeus/Helios sitzenden Apollon.

Auch die christliche Verschmelzung von Gott-Vater und Gott-Sohn – zusammen mit dem Heiligen Geist zur göttlichen Trinität – ist keine Erfindung des Christentums: Der mythische Sänger Orpheus, der den Helios als den größten aller Götter verehrte, gab diesem den Namen »Apollon«, wie man im »Bassarai« des Aischylos nachlesen kann. Der Heilige Geist kam dabei ganz von selbst ins Spiel, indem die Prädikate der alten orientalischen Sonnengötter – und Apollon ist ein aus dem Orient stammender Gott – einen rein geistigen Sinn erhielten. Als Gott der Ferne – nicht nur der räumlichen – ähnelt er ebenfalls der christlichen Gottheit, die sich durch Abwesenheit und Unfassbarkeit auszeichnet. Dazu im Einklang steht die Sonne als göttliches Symbol, weil auch sie ein Objekt der Ferne ist und dabei doch präsent als belebende, alles Leben erst ermöglichende Kraft. Apollon war der geistigste aller griechischen Götter und damit die

Verkörperung dessen, was im Christentum als Heiliger Geist verstanden wird.

In Apollons Beinamen »Phoibos« (der Strahlende, Reine, Heilige, Läuternde) kommt das Sonnenhafte dieses Gottes zum Ausdruck. In Apollon grüßt uns der Geist der schauenden Erkenntnis, also der echt griechische Geist. Zu den frappierenden Ähnlichkeiten zwischen Apollon und Christus gehört auch, dass beide sich als Hirten verstehen und das Blutopfer verdammen. Vielmehr bevorzugen sie Mehlspeisen. Beiden ist der siebte Tag der Woche geweiht.

Der eine oder andere Leser mag sich nun vielleicht fragen, warum wir uns so intensiv mit dem Sonnen-Aspekt in der christlichen Religion beschäftigt haben. Wozu soll die Deutung Christi als Abkömmling der antiken Sonnengötter im Zusammenhang mit unserem Thema »Herz« gut sein? Nun, ich denke, dass wir ohne diese Ausführungen nicht wirklich verstehen können, weshalb das Herz Jesu – gemeint ist eigentlich das Herz Christi – eine so große Bedeutung im christlichen Kult erlangen konnte. Es erlangte sie, weil in der Christusfigur der Sonnen- und Lichtaspekt eine zentrale Rolle spielt. Zur Sonne aber steht, wie wir wissen, das Herz in engster Beziehung.

Die Kirchenväter, unter ihnen insbesondere Augustinus (354 – 430), erhoben das durchbohrte Herz des Gekreuzigten zum herausragenden Kultsymbol der Christenheit. Das Herz trat neben das Kreuz, das zum tragenden, buchstäblich leidtragenden Symbol der neuen Religion wurde. Hätten nicht die düsteren Aspekte des Leidens, der Schuld und der Sühne eine so große Bedeutung im Christentum erlangt, sondern die hellen und positiven Aspekte des Lichts und der Erleuchtung, der Auferstehung und Wiedergeburt, so hätte durchaus die Sonne oder das von Sonnenstrahlen eingefasste Herz zum Ursymbol des Christentums werden können.

So aber bekam auch die Herzsymbolik im Christentum eine düstere, um nicht zu sagen pathologische Komponente. Als ein durchbohrtes oder von Dornenkronen zerstochenes Herz beherrschte es die christliche Ikonographie. Dabei ging die ursprüngliche antike Beziehung zwischen Herz und Sonne weitgehend verloren wie so vieles andere, etwa die Idee der Reinkarnation. Selbst der Strahlenkranz, der das dargestellte Herz Jesu oftmals umgibt, weckt nicht mehr die Assoziation »Sonne«, sondern meint das im Schmerz aufflammende Herz. Dieses Herz gemahnt an das Leiden Christi, nicht an seinen Auferstehungstriumph. Zwar drücken die Strahlen ebenfalls die erlösende Kraft aus, die aus dem Leiden Christi für den Christen erwächst, doch der Anblick des gemarterten Organs lässt gleichzeitig das Gefühl tiefer Schuld entstehen.

Und doch – auch beim Kreuzesdrama Jesu handelt es sich um eine zutiefst attische Tragödie: um die alte Katharsis von Furcht und Mitleid. Dieses »Es ist vollbracht!« bedeutet das Aufatmen einer zutiefst apollinischen Seele im Augenblick der Peripetie, also des entscheidenden Umschwungs im antiken Drama. Auch die Haltung Jesu am Kreuz ähnelt jener Grundhaltung des antiken Helden. Es ist eine prachtvolle Haltung: trotzend, heroisch den Tod suchend, wissend, dass kein Widerstand gegen den Willen des Vaters (des Schicksals) möglich ist. Diese berauschende Schönheit des Ertragens ist beste attische Tragödie. Darin liegt womöglich der Grund, wieso Christen den ständigen Anblick eines Gefolterten am Kreuz nicht abstoßend und deprimierend finden.

Das verwundete, blutende Herz Jesu wurde so zum Symbol der Erlösung, freilich zu einer, die nicht wirklich eintritt. Das Herzblut Christi reinigt die Menschen zwar von der Erbsünde, doch die individuelle Sündhaftigkeit bleibt dem Christen erhalten und setzt ihn in ein grundlegendes Schuldverhältnis zu Gott mit schwerwiegenden Folgen: Die Christenheit wurde während des Mittelalters, also über tausend Jahre lang, von der Angst vor ewiger Verdammnis gequält. Angst vor Verdammnis war das Grundgefühl des mittelalterlichen Christen.

Erlösung von dieser existenziellen Angst erhoffte man sich jedoch weniger vom Symbol des Kreuzes als vom Symbol des Herzens. Dabei wurde eine Stelle aus dem Johannes-Evangelium zur geistigen Grundlage der Herz-Jesu-Verehrung: »Aber einer der Soldaten stach ihm mit seinem Speer in die Seite. Da kam Blut und Wasser heraus.« (Joh 19, 34) Die mittelalterliche Theologie sah hierin eine alttestamentliche Weissagung des Jesaja bestätigt: »Her, wer Durst hat! Hier gibt es Wasser!« (Jes 55, 1) Dass von Blut nicht die Rede war, wurde geflissentlich übersehen. In der theologischen Deutung hieß das: Evangelium, Kirche und Gnade Gottes sind Gaben des durchbohrten Herzens Jesu. Aus diesem fließt gleichsam die Rettung vor der ewigen Verdammnis.

Auf diese Weise war die frühe christliche Mystik im Wesentlichen eine Herz-Jesu-Mystik. Ohne dass es den Mystikern bewusst war, verehrten sie in Jesu Herz den alten antiken Sonnengott, der Licht und Wärme (Erkenntnis und Liebe) in die Finsternis bringt. Gerade der Aspekt der Liebe, der in der Herzsymbolik so wichtig ist, wird zum geistigen Kern der Herz-Mystik.

Es fällt auf, dass es fast ausschließlich Nonnen waren, die die Herz-Jesu-Mystik kultivierten. Sie deuteten Jesus Christus als Bräutigam des Herzens und sich selbst als seine

Bräute. Das Leiden Christi wurde für die Mystikerinnen leidenschaftlich, soll heißen: als geistige und körperliche Ekstase nachempfunden, man könnte auch sagen: imitiert. Im mystischen Erlebnis dieser heiligen Frauen verwirklichte sich die dialektische Spannung von Leiden und Leidenschaft, Tod und Eros, Schmerz und Lust. »Der Mystizismus ist die Scholastik des Herzens, die Dialektik des Gefühls«, hat Goethe gemeint.

In Askese und Mystik wird die Lebensgier in eine Glaubensgier umgewandelt. Die Mystikerinnen verstanden sich nicht nur als Bräute Jesu, sondern fühlten sich auch so. Sie vollzogen die Ehe mit ihm, und das ist durchaus auch körperlich gemeint, also im Sinne eines gelebten Eros. Sie öffneten Jesus ihr Herz, damit es mit dem Herzen Jesu verschmelze und »die Gottheit gleich einem Strom mit starker Gewalt sich in sie ergoss« (Mechthild von Hakkeborn). Bei Hildegard von Bingen findet man ähnliche erotisch, um nicht zu sagen, sexuell gestimmte Bilder. Bei ihr wird das gläubige Herz aufgerissen wie von einer Pflugschar – der Phallus als Pflug ist ein altes Bild –, um darin den »Samen der Weisheit« auszustreuen als wahren »Herzensgruß im süßen Dufte der Tugend«.

Es scheint, als käme in diesen Worten erneut die antike, von Aristoteles begründete Gleichsetzung von Blut und Samen, Herz und Phallus zum Tragen, wie es eingangs geschildert wurde. Christus erscheint in der Sprache der Mystikerinnen nicht nur als reiner Licht- und Sonnengott, sondern trägt auch Züge einer Liebesgottheit, selbst wenn im christlichen theologischen Verständnis mit »Liebe« niemals der Eros gemeint war.

Doch bei den Mystikerinnen war diese Trennung aufgehoben; ihre Visionen wurden von körperlichen Ekstasen begleitet, die sich oftmals wie Beschreibungen eines Orgasmus lesen. Nach dem Erleben solch eines mystischen Höhepunkts wird Mechthild von Magdeburg seufzen: »O du ruhender Gott an meinen Brüsten, ohne den ich nicht sein kann!« In einer Grabinschrift für die heilige Mechthild schreibt Angelus Silesius: »Hier liegt die Jungfrau Gottes, die blühende Mechthild, mit der er oft sein Herz gekühlt hat und gestillt.« Fast scheint es so, als verlange das Herz Jesu noch stärker nach dem Herzen des Menschen als dieses nach seinem. Und tatsächlich schreibt Silesius an anderer Stelle: »Die ewige Gottheit ist der Menschheit so verpflicht, dass ihr ohne sie Herz, Mut und Sinn gebricht.«

Das Herz wird also zum mystischen Organ schlechthin, fast möchte man sagen: zum mystischen Geschlechtsorgan, zumindest, was die Mystikerinnen betrifft. »Unio mystica« bedeutet eine Art von Herzenskoitus. Das Herz ist der mystische Ort der Vereinigung von Gott und Mensch. Das Allerirdischste – der Trieb – wird in die Ewigkeit und ins Göttliche abgeleitet und die dabei erfahrene Entspannung als Seligkeit gedeutet. So machten die Mystikerinnen aus dem Lichtgott Christus einen Liebesgott, der – ganz antiker Amor – mit Pfeil und Köcher ausgestattet wurde. In den Andachtsbüchlein jener Zeit findet man zahlreiche Beispiele einer Identifikation des Heilands mit Amor/Kupido, etwa diese: »O Jesu mein, du schöner Knab', nimm hin Kupidos Waffen; reiß' ihm die Pfeil' und Köcher ab und leg ihn ewig schlafen. Nur du, bitt' ich, du, ziel' auf mich, von dir will sein getroffen. O reines Gift, wann Jesus trifft! Alsdann ist Heil zu hoffen.«

Auf eine andere Weise findet man die Pfeil-Metapher in den Herz-Jesu-Visionen der Teresa von Avila. Als junge Frau hatte sie die Vision eines Engels – man könnte auch sagen: Kupidos –, der ihr Herz mit einem brennenden Goldpfeil durchbohrte. Zu jener Zeit litt sie an einer schweren Krankheit, die sie monatelang ans Krankenbett fesselte. Kardiologen fanden in dem seit 1582 konservierten Herzen der Heiligen eine Narbe im Herzmuskel, und zwar im Bereich der linken Herzkammer. Man deutete sie als Infarktnarbe, das heißt: Die Vision des Engelpfeils im Herzen könnte auf einen Anfall von Angina pectoris schließen lassen, was freilich die visionäre Kraft dieser Heiligen nicht schmälern soll.

Die Intention ist klar: Die Geschlechtsliebe dieser jungen Frauen muss der Gottesliebe weichen, aber sie tut dies nur in Form orgastischer Ekstase. Die Gottesliebe geht mit dem Instrumentarium Amors zu Werk; sie will sinnlich erfahren werden. Amor tritt nackt in Erscheinung, und auch Jesus Christus hatten die Mystikerinnen in jedem Kruzifix nackt vor Augen. Allzu begeistert, um nicht auf erotische Anziehung schließen zu lassen, sprachen diese heiligen Frauen von den »schönen Gliedern seines Leibes« oder vom »schönen Leib des Sohnes Gottes« (Hildegard von Bingen).

Über Jahrhunderte blieb die Herz-Jesu-Verehrung eine esoterische und erotische Angelegenheit, die hinter Klostermauern betrieben wurde. Die Kirche nahm davon kaum Notiz; sie hatte andere, vor allem weltliche Interessen. Nach und nach jedoch erreichte der Herz-Jesu-Kult auch das Volk, freilich nur in einer stark verwässerten und verkitschten Form. Das Herz Jesu erfuhr eine erste Kommerzialisierung: In den Frauenklöstern entstanden allerlei Bildchen mit Herz-Jesu- oder Herz-Mariä-Darstellungen, zum Teil als Halsschmuck oder als kleine Plastiken gefertigt. Im Grunde war es dieser Devotionalienhandel aus den Klöstern heraus, der die Herz-Jesu-Verehrung in breite Bevölkerungsschichten hineintrug.

Man kann hier ohne weiteres von einer Verkitschung religiöser Erfahrung sprechen, doch der Grund dafür liegt in den Herz-Jesu-Visionen der Mystikerinnen selbst. Es war keine reine, objektivierbare Erfahrung, sondern eine mit Hysterie, Erregtheit, Überschwang, Pathos und Sentimentalität durchmischte Erfahrung. Jede Art von Kitsch geht aus einer sentimentalen Grundstimmung hervor. Das sieht auch die heutige Theologie so.

Für den Protestantismus liegen die Grenzen der Mystik dort, wo sie in Spiritualismus umzuschlagen droht, wo die Transzendenz einer Offenbarung in die Immanenz des »Gottes in der eigenen Brust« umgefälscht wird. Eine individuelle Offenbarung wird so zu einer Heilsmethode verflacht, die jeder meint anwenden zu können. Hierin sieht auch die katholische Theologie das zentrale Problem einer Herz-Jesu-Mystik: Mystische Erfahrung ist niemals die Folge eigenen Bemühens, sondern Folge eines gnadenhaften göttlichen Wirkens in der Seele eines Menschen. Mystische Erfahrung ist somit eine passive, keine aktive; man darf sie nicht anstreben. Das gilt vor allem für mystische Phänomene wie Ekstasen oder Stigmata, die für das eigentliche mystische Erlebnis ohne Bedeutung sind.

Herz-Jesu-Mystik ist nach theologischem Verständnis ohnehin problematisch, da jede christliche Mystik notwendig Christusmystik sein muss. Es darf nicht ein Organ Jesu ins Zentrum der mystischen Erfahrung gestellt werden. Ähnlich hat es auch Goethe gesehen, wenn er schreibt: »Christliche Mystiker sollte es gar nicht geben, da die Religion selbst Mysterien darbietet. Auch gehen sie immer gleich ins Abstruse, in den Abgrund des Subjekts.«

VIERTES KAPITEL

Schlangengrube und Wirbelwind

Das Herz
und die
Liebe

Religiösen oder sonstigen Kitsch gäbe es nicht, wenn es nicht den Kitsch-Menschen gäbe. Der Kitsch-Mensch braucht den Kitsch, um sich wohl zu fühlen. Kitsch ist eine Form, in der sich etwas Wahres und Echtes als Lüge darstellt. Der Kitsch-Mensch zeichnet sich dadurch aus, dass er den Kitsch für das Wahre und Echte hält.

Wahre Religiosität ist niemals kitschig. Sie bekundet sich nicht in Äußerlichkeiten; sie ist reine Innerlichkeit. Hingegen zeichnen sich fast alle Religionen dadurch aus, dass sie dort, wo sie sich im Volk zu verankern suchen, die Ästhetik des Kitsches bemühen. Der christliche Kitsch – und damit ist fast immer der katholische gemeint – hat sich hierbei vor allem auf die Jungfrau Maria und das Herz Jesu kapriziert.

Im christlich-religiösen Kitsch kommt das ursprüngliche Schuldverhältnis des Christen zu seinem gemarterten Gottessohn zum Ausdruck. Denn Kitsch entsteht fast immer aus verdrängten Schuldgefühlen und dem damit verbundenen schlechten Gewissen. Kitsch ist der unglückliche Versuch, etwas zu erhöhen, das man erniedrigt hat. Im Herz-Jesu-Kitsch werden die verborgenen Schuldgefühle des Christen ins Bild gesetzt, damit er sich besser von ihnen distanzieren kann.

Auch das Kruzifix, das auf drastische Weise den gefolterten Körper Jesu zeigt, zielt auf dieses Urschuld-Gefühl des Christen ab. Das Kreuz allein als abstraktes Zeichen würde als Glaubenssymbol genügen – gerade in seiner Abstraktheit liegt seine große Kraft. Der figürlich abgebildete Gott jedoch ist ein heidnisches Relikt: ein Götze. Das ist es auch, was Mitglieder anderer Religionen – aber auch Christen – am Christentum irritiert: dass wir einen geschundenen, ans Folterkreuz genagelten Menschen anbeten. Wir beten im Angesicht des Schreckens.

Im Kitsch jeder Art werden Schuldgefühle durch Sentimentalität erstickt. Typisch ist der unangemessen große Gefühls- und Empfindungsaufwand, der dabei betrieben wird. Kitsch hat immer mit Gefühlen zu tun, niemals mit Verstand. Denn der Verstand ist seinem Wesen nach scharf, klar, schneidend und präzise. Gefühle hingegen haben etwas Verschwommenes, Zerfließendes und Ungenaues.

Deshalb eignet sich das Herz als vermeintlicher Sitz der Gefühle besonders gut zu Verkitschungen aller Art. Man wird gerade beim Herz-Jesu-Kitsch den Eindruck nicht los, dass es dabei vor allem um »Erleichterung« von der schweren metaphysischen Last geht, die jedem Christen durch seine Schuld-und-Sühne-Beziehung zu Jesus Christus aufgebürdet ist. Selbst gegenüber der Jungfrau Maria scheint der Katholik ein tiefsitzendes Schuldgefühl zu verspüren. Auch die Herz-Mariä-Andacht wird als Andacht für die »Schmerzensreiche« zelebriert.

Dabei ist der katholische Herz-Jesu- oder Herz-Mariä-Kitsch, der vor allem an katholischen Wallfahrtsorten sehr lebendig ist, vom Geschmacklichen her kein spezifisch religiöses Phänomen. Das Herz als Symbol hat ohnehin eine uralte Kitschtradition. Als weltweit gültiges Liebessymbol ist es zwangsläufig allererstes Kitschobjekt, und zwar in dem Maße, wie sich die Liebe als heftigstes, aber auch verschwommenstes Gefühl bestens zur Sentimentalisierung eignet.

Liebe, oder besser: Verliebtheit, ist immer sentimental, das heißt übertreibend. Fast möchte man sagen: Der Kitsch ist der legitime Stil der Verliebtheit. Weil es im religiösen Kitsch aber nicht um Verliebtheit geht, sondern um Glauben und Theologie, muss man ganz nüchtern feststellen, dass sich im religiösen Kitsch ein theologischer Defekt, ein

Glaubensdefekt kundtut, entsprechend dem formalen Defekt, der jedes Kitschobjekt auszeichnet.

Religiöser Kitsch zeigt in jedem Fall einen enormen theologischen Substanzverlust an. Ein kläglicher Glaubensrest heftet sich an ästhetisch fragwürdige Bilder von puppenhaften Madonnen und geistlosen Christusschimären. Glaubensverlust tritt überall dort auf, wo Mysterien, also geheimnisvolle Ereignisse, objektiviert werden im Sinne einer Vergegenständlichung. Das Geheimnisvolle aber lässt sich nicht vergegenständlichen. Es dennoch zu versuchen heißt, das Unfassbare ins Augenfällige, ja Banale hinabzuziehen und damit fassbar, anfassbar zu machen und somit auch kommerzialisierbar. Dieser starke christliche Substanzverlust wird nirgendwo deutlicher als in der peinlichen Nebenrolle, die der Heilige Geist in der christlichen, vor allem der katholischen Kultsphäre spielt. Dabei ist der Heilige Geist die eigentliche Verheißung Christi. Hierin liegt womöglich der Grund, weshalb die Christen mit Pfingsten, ihrem höchsten und geistigsten Fest, so wenig anzufangen wissen.

Nochmals: Der Hauptgrund für jede Art von Verkitschung liegt im Sentimentalen. Die Nonnen der mittelalterlichen Klöster hatten zu Christus, vor allem zu seinem Herzen, ein sentimentales, das heißt ein auf Gefühl beruhendes Verhältnis. Sie waren in Jesus Christus verliebt. Wie jede Verliebtheit, so hatte auch diese eine starke erotische, aber auch idealisierende Komponente. Die Liebe der Nonnen zu Christus war klösterliche Minne. Schließlich war das Hohe Mittelalter auch die hohe Zeit der Minne. Da den Nonnen kein Ritterherz zur Verfügung stand, auf das sie Eros und Libido hätten richten können, übernahm das Herz Jesu diese Funktion. So ist das von einem Pfeil oder einer

Lanze durchbohrte Herz sowohl das grundlegende Emblem der mittelalterlichen Minne als auch das heilige Symbol der Gottesliebe.

Auch die Herzsymbolik der weltlichen Minne leitet sich von der kirchlichen Herzspekulation ab, wie sie von Augustinus begründet worden war. Drei Hauptaspekte waren dabei für sie bestimmend: das Herz als Gefäß der göttlichen Liebe, dann als das von Todesangst »zerriebene« Herz des »Schmerzensmannes« am Kreuz und schließlich das im Glauben erneuerte Herz. Diese drei Aspekte werden im Hochmittelalter von der erotischen Dichtung der volkssprachlichen Literatur übernommen und mit einem neuen, nämlich weltlichen Gehalt erfüllt. »Keine Liebe ohne Leiden«, so lautet der Grundtenor dieser Literatur, wobei mit »Leiden« auch das Mitleiden gemeint ist. Wenn die Liebe Jesu eine schmerzliche war, so muss auch die menschliche Liebe voller Schmerzen sein. Gerade daran erkennt man ihre Echtheit, das heißt ihre Christlichkeit.

Auch die selig machende Liebe der Jesus-Bräute war stark von diesem Aspekt des Schmerzes geprägt bis hin zum körperlichen Herzschmerz, mit dem die Visionen oftmals einhergingen, wie wir bereits in Kapitel 3 sahen. Die entscheidende Wende der erotischen Literatur hin zu einer Minne-Literatur vollzog sich um die Mitte des 12. Jahrhunderts, also zeitgleich mit den Kreuzzügen, die die ritterliche Minne ganz von selbst mit der Passion Christi verband. Im Parzival des Wolfram von Eschenbach, oder davor des Chrétien de Troyes, erfährt diese Verschmelzung ihren höchsten künstlerischen Ausdruck, vor allem in der Symbolik des mystischen Heiligen Grals, in welchem das Blut Christi aufbewahrt sein soll. Die Ergriffenheit des Herzens durch die göttliche Gnade und die Liebe Christi verbindet sich in der höfischen Literatur jener Zeit mit der Ergriffenheit des ritterlichen Herzens durch die Liebe zu einer Frau. Damit tritt die christliche, im antiken Denken wurzelnde Herzsymbolik ins weltliche Leben ein, aus dem sie bis heute nicht gänzlich verschwunden ist.

Ohne seine zentrale, sonnengleiche Stellung in der antik-christlichen Tradition hätte das Herz in der Literatur des Mittelalters gewiss nicht diese Bedeutung erlangt. Weil das Herz als die Wohnstatt des liebenden Gottes im Menschen galt – und als »Liebesorgan« des Gekreuzigten –, konnte es überhaupt nur diese große Bedeutung in der weltlichen Literatur übernehmen. Man kann deshalb getrost von einer Säkularisierung des Herzens Jesu in der Minneliteratur sprechen.

Die christliche Trennung von Körper und Seele kommt auch in der Minnelyrik zum Ausdruck. In den ritterlichen Pflichten – voran der Kampf als Kreuzritter im fernen Orient – spaltet sich der Körper von den Gefühlen ab, denn diese weilen zu Hause bei der Geliebten. Diese Spaltung wird vom Liebenden nicht nur als schmerzhaft empfunden, sondern als eine echte Lebensbedrohung. Nicht die Gefahren des Ritterlebens sind es, die er als existenzielle Bedrohung fühlt, sondern das innere Gespaltensein selbst wird zur alles bestimmenden Daseinstragik: Wenn das Herz des Ritters ganz bei der Geliebten weilt, dann steht im Grunde ein toter Mann auf dem Kampffeld. Denn ein Ritter ohne Herz, also ohne Mut, ist kein »lebendic man«. Mit heutigem Vokabular ausgedrückt: Der Mensch sieht sich in seiner personalen Ganzheit bedroht; es liegt eine Ich-Spaltung vor, die mit Sinnverlust einhergeht.

So verbirgt sich auch in der Minnelyrik der Grundwiderspruch des christlichen Liebesbegriffs: Liebe bedeutet Leidenschaft und Leiden. Und dies ist bis heute die Doppelbedeutung des Wortes »Passion«, mit dem ursprünglich das Leiden und die Leidensgeschichte Jesu gemeint waren. In der Minne treten zur Freude des Herzens (»herzliep«) Trauer und Schmerz (»herzeleit«) hinzu. In dieser extremen Gefühlsspannung liegt auch der Ursprung für den wohl ältesten Reim der deutschen Lyrik: »Herz – Schmerz«. Auch im Französischen reimt sich »cœur auf »douleur«, und im Italienischen »cuore« auf »dolore«. Unter diesem Gesichtspunkt steht selbst noch ein Goethe in der Tradition der Minnesänger, wenn er dichtet: »Neigen von Herzen zu Herzen, ach, wie so eigen schaffet es Schmerzen!«

Mehr und mehr wird also das Herz des Liebenden im Minnesang in die geistige Nähe zum Herzen Jesu gerückt. Das liebende Herz ist ein verwundetes Herz; und diese Herzwunde muss immer offen stehen. Die offene Herzwunde wird zur Signatur der Minnelyrik, zu einer regelrechten Geste, die auf exhibitionistische Weise immer wieder dargeboten wird, etwa im »Tristan« des Gottfried von Straßburg. Der Christenmensch muss in der Lage sein, die Spannungen der Liebe auszuhalten, jene zwischen Lust und Schmerz, Süße und Bitterkeit, sehnendem Begehren im irdischen Dasein und mystischer Vereinigung im Tod. Damit ist der »Tristan« das erste literarische Werk der Nachantike, das den Eros als absoluten göttlichen Wert, als eine göttliche Macht versteht – und den Menschen als dessen gehorsamen Diener.

Doch der Hohen Minne war nur eine kurze Blütezeit beschieden. Schon zur Mitte des 13. Jahrhunderts, also ein halbes Jahrhundert nach dem »Tristan«, geht es mit der Ritterschaft, dem Träger der Minnelyrik, zu Ende. Das Aufkommen der Feuerwaffen macht die Kriegskunst des

Ritters hinfällig. Der moralische Niedergang dieses Standes begann freilich schon in den Kreuzzügen. Auf ihren Wegen ins Gelobte Land hatten die Kreuzritterheere in Europa Schneisen der Verwüstung zurückgelassen. Mord, Raub und Vergewaltigung ließen auf eine andere, nämlich vollkommen verrohte Sprache des Herzens schließen. Das Kreuz wurde in Gestalt des Schwertes zum Schreckenssymbol.

Die christliche Ritterschaft verbreitete nicht das erlösende Licht, das der strahlende Heiland in die Welt gebracht hatte, sondern öde Finsternis. Darin zeigte sich aber auch die eigentliche Schwäche der christlichen Herzsymbolik: Sie wirkte kaum in den Herzen der Menschen, sondern blieb ein religiös-poetisches Emblem ohne geistige Tiefenwirkung. Die »edelen Herzen« wurden immer rarer. Mit dem Niedergang des Rittertums ging zum ersten Mal auf breiter Front christliches Ethos verloren.

Dieser Niedergang fand seine schaurigen Höhepunkte in der Eroberung der Neuen Welt, in den Folterkammern der Inquisition oder der Selbstzerfleischung der Christenheit in den modernen Weltkriegen. Heute ist das Christentum innerlich geschwächt; es leidet buchstäblich an Herz- beziehungsweise Herzensschwäche.

Die Minnelyrik versuchte dem Niedergang des christlichen Liebesethos durch eine Resakralisierung des Herzens entgegenzuwirken. Doch das war nicht mehr als ein literarisches Rückzugsgefecht. In den Versen eines Konrad von Würzburg etwa gewinnt das Herz erneut den Charakter eines Kultgegenstands. Doch in dieser fast schon pathologischen Überspannung liefert er nur die Grundlage für die Herzparodien, die im 15. Jahrhundert das Ende der Minnelyrik besiegeln. Das Herz hatte sich endgültig vom positiven

Liebessymbol ins Gegenteil gewandelt. Es ist nun nicht mehr Metapher für den geläuterten Trieb, sondern wird zum Sitz der Niedertracht in Gestalt von Habgier, Neid, Zorn und Eifersucht. Diese Untugenden schreiben die männlichen Dichter vorzugsweise den Frauen zu. Aus der geliebten Herrin als engelsgleichem Wesen ist das zänkische und heimtückische Weib geworden.

Dreihundert Jahre lang wird das Herz im deutschen Sprachraum als literarisches »Liebesorgan« keine Rolle mehr spielen. Erst im 18. Jahrhundert, in dem kurzen und heftigen Aufflackern der so genannten Empfindsamkeit, die literarisch ihren Niederschlag im »Sturm und Drang«, zum Teil auch noch in der Klassik, fand, kommt es zu einer regelrechten Inflation von Herzmetaphern, als müsse sich eine dreihundert Jahre währende literarische »Herzlosigkeit« urplötzlich Luft verschaffen. Goethes »Herzchen! Liebes Herzensherzchen ...« ist hierfür symptomatisch.

Jedes Übermaß führt jedoch sehr schnell zum Überdruss. Wer allzu oft vom Herzen spricht, weckt den Verdacht, dass an die Stelle des echten Gefühls die Gefühlsduselei getreten ist. Das war auch der Grund, wieso in der deutschen Romantik, die man eigentlich für prädestiniert halten sollte, den literarischen Herzkult zu pflegen, eine starke Distanzierung gegenüber jeglicher Herzmetaphorik spürbar wird. Das verwundert umso mehr, als die Romantik den Versuch machte, den Geist des Hohen Mittelalters und der noch geeinten Christenheit wiederzuerwecken.

Doch den Romantikern war das Herz als Symbol einfach zu banal. Das hatte nicht zuletzt mit den medizinischen Erkenntnissen zu tun, die man gerade in dieser Epoche über das Herz und andere Organe gewann. Das Herz tritt in der

Romantik in dem Maße als literarisches Symbol in den Hintergrund, wie es als reines Körperorgan in den Vordergrund des allgemeinen Interesses rückt. Die medizinische Erforschung des Herzens führte aber keineswegs zu einer Erhöhung dieses Organs, sondern zeigte nüchtern und unsentimental dessen Krankheiten und Störungen auf, die zu behandeln sind wie die eines anderen Organs auch – das Herz als Forschungs- und Behandlungsobjekt. Aus dem »herzeleit« der Minne sind die Herzleiden geworden – und an diesen ist nun wahrlich nichts Romantisches zu entdecken.

Gleichzeitig erbrachte die Naturwissenschaft den Beweis, dass die Gefühle nicht im Herzen, sondern im Gehirn zu lokalisieren sind. Aus der Gehirnforschung wird schließlich die Psychoanalyse hervorgehen. Was dem Herzen bleibt: Es schlägt. »In solcher Stunde«, schrieb Alfred Polgar, »ist wenig Poesie mehr um das arme Ding, da wird furchtbar gleichgültig, wofür es schlägt, wenn es nur schlägt« (in: Reich-Ranicki). Das romantische Misstrauen gegen jeglichen metaphorisch-sentimentalen Gebrauch des Wortes »Herz« wird bis in die moderne Literatur wirksam bleiben, zumindest dort, wo es um anspruchsvolle Literatur geht. »Herz« ist fortan nicht mehr auf »Schmerz« zu reimen, ohne dabei den literarischen Anstand zu verletzen.

Bei Heine, dem Romantiker, der die Romantik überwand, wird diese Distanz zum Herzen mit den Mitteln der Ironie hergestellt. Bei ihm wandelt sich das Herz zur Schlangengrube, und mit »Schlangen« sind natürlich die Geliebten gemeint, die darin wüten und das Herz des Dichters wund und krank machen. Diese ironische Distanzierung, für die stets eine tiefe Enttäuschung in der Liebe verantwortlich ist, wird in der Moderne, etwa durch Brecht, weitergeführt und gelegentlich bis zum blanken Zynismus getrieben. So liest man bei Brecht: »Ich kann das feile Fleisch noch nicht verschmerzen: So tief sitzt die Kanallje mir im Herzen.« Dass er dabei den völlig verbrauchten Herz-Schmerz-Reim bemüht, zeigt nur, wie wenig ihm das Herz als literarische Metapher noch wert ist.

Ein halbes Jahrhundert davor, also in der zweiten Hälfte des 19. Jahrhunderts, war das Herz in der Tat in die Zuständigkeit der Trivialliteratur übergegangen und damit in die des Kitsches, des Klischees und der Verlogenheit. Im Gegensatz zur Empfindsamkeit des 18. Jahrhunderts mit ihrem aufrichtigen Kult der Innerlichkeit und des Innenlebens hat man es in der Kitschromantik nur mehr mit Empfindelei zu tun. Der Herzenskitsch zielt auf direkte Rührung ab, auf programmgemäße innere Erregung, auf Erzeugung der gewünschten Affekte durch die immer gleichen literarischen Effekte.

Sehr bald verfügt die Kitschromantik über ein Arsenal von Mitteln und Methoden, um den jeweils gewünschten Affekt im Leser zu erzeugen. Diese Literatur gibt vor, von »Herz zu Herz« zu sprechen – gemeint ist freilich nur das Frauenherz. Männer haben anderen literarischen Kitsch, in dem es ums »heroische« Männerherz geht.

Elise Polko (1823–1899), die führende »Edelkitsch«-Autorin jener Zeit, bringt die Wirkungsweise des Herzkitsches auf den Punkt, wenn sie schreibt: »In der Notwendigkeit einer so baldigen Auflage der vorliegenden ›losen Blätter‹ habe ich die Bestätigung jenes alten lieben Wortes gefunden: ›Was vom Herzen kommt, geht wieder zum Herzen.‹ – Man hat diesem kleinen Buche gleichsam jenen warmen Herzschlag angefühlt, den man jedem Worte einer Frau anfühlen müsste. Denn unsere Welt ist eben nur die Welt des Herzens, in ihr allein sind wir glücklich und wahrhaft zu Hause, sie ist, wenn auch nicht unser unbestrittenes, so doch unser eigentliches Reich.«

Zum Symbol, zur Chiffre dieses Reichs wird das Herz. Es ist Symbol für das Innere jener vom gesellschaftlichen Leben weitgehend ausgegrenzten Frauen. Ähnlich wie beim Herz-Jesu-Kult in den mittelalterlichen Frauenklöstern wird auch hier eine Art Götzendienst betrieben und das Herz zum Fetisch gemacht, allerdings nicht mehr das Herz Jesu, sondern das eigene.

Damit kommen wir zu einem Grundkennzeichen des Kitsches: »Anbetung« des eigenen Gefühls, der eigenen Empfindung im Symbol des Herzens, und das heißt: Entäußerung und Veräußerung der Gefühle, weil keine wirkliche Verinnerlichung der damit verbundenen Affekte möglich ist. Mit »Gefühl« ist in der Kitschromantik nicht die echte Leidenschaft, nicht die heftige emotionale oder gar körperliche Erregung gemeint, sondern verfeinerte, gedämpfte, gereinigte, kurz: blutleere Empfindung. Diese Empfindung wird mit Adjektiven wie »sanft«, »angenehm«, »rein«, »leise, schamhaft«, »hold«, »anmutig, mild«, »heimlich«, »gelinde«, »lieb«, »süß«, »zart« und »zärtlich« umschrieben.

Alle diese Wörter bilden eine Art sprachliches Grundgerüst der Kitschromantik und kehren in formelhafter Regelmäßigkeit wieder, egal, ob Gefühle, Personen, Landschaften oder Situationen beschrieben werden. Sie sind vereint im Wort »Herz«, das einst Topos war und jetzt nur noch hausbackenes Klischee. Freilich, schon im Topos verbirgt sich Klischeehaftes. Es geht nicht mehr um Passion im Sinne von Leiden, worin ja immer noch ein hohes Maß an Lust – Leidenslust – enthalten ist, sondern nur noch um die »schöne

Seele« in ihrer privaten bürgerlichen Welt, die von der Alltagswirklichkeit draußen fast vollständig abgekoppelt ist. Diese Abtrennung der (weiblichen) Innenwelt von der Außenwelt lässt die Forderung des Redens von »Herz zu Herz« zur leblosen, abstrakten Formel erstarren.

Die Magie des Herzsymbols

Erstaunlicherweise hat die Verkitschung der Herzmetapher, die Entleerung der Herzsymbolik nicht zum Verschwinden des Herzens geführt. Es ist auch in unserer Zeit allgegenwärtig. Der Grund liegt vor allem darin, dass die allgegenwärtige Werbung die Kraft dieses Symbols für sich zu nutzen versteht. Denn jede Werbung stellt im Kern nur eine besondere Spielart des Kitsches dar – freilich die perfekteste, durchdachteste und wirkungsvollste, die sich denken lässt, vorausgesetzt, es handelt sich um gut gemachte Werbung.

Erstaunlich, dass sich dieses uralte, im Grunde antiquierte Liebessymbol auch in der modernen, durchgestylten Werbung behaupten kann! Aber das liegt vielleicht daran, dass es sich auch bei der modernen Werbeästhetik ihrem Wesen nach um Kitschästhetik handelt. Werbung ist, selbst wo sie virtuelle Bilder bringt, zutiefst idyllisch, also sentimental. Die Welt der Werbung ist eine heile Welt, aber das sollten wir ihr nicht zum Vorwurf machen; sie *muss* es sein. Werbung muss auch lügen, hat sie doch die Aufgabe, mehr aus dem Produkt zu machen, als es ist. Wie in der Kitschromantik werden auch im Werbekitsch Affekte, Triebstau und unerfüllte Wünsche in privater Harmonisierung aufgelöst.

Deshalb wird im Grunde in jeder Werbung, wie in jedem Kitschroman, eine Liebesgeschichte erzählt, und zwar so, dass sich am Ende ein Bild absoluter Harmonie einstellt – und diese Harmonie soll in eins gesetzt werden mit dem angepriesenen Produkt. Dabei kann die erzählte Liebesgeschichte noch so unrealistisch, imaginär und utopisch sein – das Irreale und Utopische bewahrt in sich einen Rest von Hoffnung: nämlich dass das Glück doch möglich und beständig sei.

Diese Utopie, die sich in jedem Kitsch verbirgt, verleiht auch dem uralten Herzsymbol die Kraft, sich in der von Symbolen überschwemmten Moderne zu behaupten. Denn das Herz als Symbol und Metapher war nie etwas anderes als ein utopisches Zeichen, ein Heils- und Glückszeichen. Als Symbol ist es Sinn-Bild im wahrsten Sinne des Wortes: sinnstiftendes Bild. Diese Eigenschaft hat ihm seine Modernität bewahrt, und dies, obwohl es durch Werbung und Kitsch fast pausenlos malträtiert wird.

Die Unverwüstlichkeit des Herzsymbols hat natürlich auch mit seiner Form zu tun – eines der wenigen Symbole, die in der ganzen Welt verstanden werden. Man kann es durchaus mit einem universellen Schriftzeichen vergleichen. Das ❤ bedeutet: lieben, gern haben, mögen.

Das Herzsymbol in seiner bezaubernden Symmetrie und dem Wechselspiel von Kreisbogen und Dreieck ist so universell wie die Zahlen 1 bis 10 oder das Atomgewicht des Wasserstoffs. Von daher hätte man es mit gutem Grund auch auf jenen Bildplatten verewigen können, die vor mehr als 20 Jahren mit verschiedenen Raumsonden in die Tiefen des Weltraums geschickt wurden, damit Außerirdische sie vielleicht einmal finden und Kunde von der Menschheit erhalten. Dabei wäre es unerheblich, ob Außerirdische ein Herz hätten oder nicht. Denn das Herzsymbol ist, wie wir insbesondere im ersten Kapitel sahen, eben mehr als nur ein Zeichen für das Herzorgan; der Kosmos selbst ist in ihm zum Zeichen geworden.

Die strenge Geometrie des Herzsymbols – und die darin verschlüsselte Sprache der Mathematik – hat gewiss auch zu seiner Universalität und Unverwüstlichkeit beigetragen. Alle Geometrie ist unverwüstlich. Dabei ist nicht einmal sicher, ob das Herzzeichen eine Nachbildung des tatsächlichen Herzorgans darstellt. Denn das Herz, das wir in der Brust tragen, sieht nun doch ein bisschen anders aus als sein Symbol. Zeichen und Symbole sind jedoch eine Welt für sich, sie sind mehr als bloße Abbilder realer Dinge. Der Anblick eines Herzorgans mag auf seine Weise faszinieren, doch das Faszinosum liegt nicht in seiner Form, sondern fast ausschließlich in seiner Funktion. Seine Form ist ziemlich gewöhnlich, eine Art von rundem, vasenartigem Gefäß. Die besondere Schönheit des Herzzeichens, die uns alle anrührt, finden wir in der Form des Herzorgans also nicht wieder. Doch das Herzzeichen weist über das Bezeichnete hinaus; es berührt in uns etwas, das im Ungenannten und Transzendenten bleibt.

Es gibt keine eindeutige Interpretation des Herzzeichens. Aber genau das macht seinen starken Reiz ja aus. Um das Herzzeichen liegt ein Geheimnis wie um alle großen Symbole, die der Mensch geschaffen hat. Man ist geneigt, zu behaupten, dass die großen und geheimnisvollen Zeichen gar nicht geschaffen, also nicht ausgedacht wurden, sondern sich selber schufen. Sie waren schon da und mussten nur *er*griffen und *be*griffen werden.

Es hilft uns auch die Feststellung nicht weiter, dass die Natur selbst im Tier- und Pflanzenreich die Herzform ausgebildet hat. Denn die Herzform ragt in der unendlichen Fülle der natürlichen Formen nicht besonders heraus. Man kann die Herzform in der Natur weder erklären noch werten. Dennoch entstehen einige vage und rätselhafte Beziehungen zwischen natürlichen Herzformen und dem Symbolgehalt des Herzens in Mythos, Religion und Kunst: Da ist zum einen die Herzform vieler Blätter, etwa bei den Rosengewächsen, wenn auch nicht bei allen Arten. Die Blütenblätter der Wildrosen beispielsweise zeigen eine ausgeprägte Herzform, weshalb sie sich bestens dazu eignen, Liebesbriefen beigelegt zu werden. Auch die christliche Mystik kennt die Rose als Symbol für das liebende Herz, das sich zu Gott wie eine Rose auftut. Außerdem wurde die Sonne – als Symbol des auferstandenen Heilands – oft als Rose dargestellt. Deutlich tritt die Herzform darüber hinaus bei den Blütenblättern der Fingerkrautgewächse (Potentilla) hervor, die ebenfalls zu den Rosengewächsen zählen.

Zum anderen zeigen manche Früchte von Rosengewächsen unverkennbar die Herzform – wie bei Erdbeere, Himbeere und Kirsche, hier vor allem bei der Zuchtform der Herzkirsche. Solche »Herzfrüchte« gelten als besonders belebend, ja buchstäblich herzerfrischend. Die rote Farbe dieser Früchte macht die Beziehung zum Herzen besonders deutlich: Rot ist die Lebensfarbe schlechthin, die Farbe der reinen Gegenwart, der ungestalteten elementaren Lebenskraft; sie steht für Feuer, Geschlecht und Blut. Rot ist die Farbe der Liebe, aber ebenso des Lasters; es ist die Farbe des liebenden Gottes, aber auch des hassenden Teufels, die Farbe der legitimen Macht, aber auch des revolutionären Aufruhrs.

Doch auch in der Farbe Grün vermag die Herzform im Pflanzenreich zu bezaubern, etwa im Blatt eines »Glücksklees«, eines Efeus, eines Lindenbaums. Es ist gewiss kein Zufall, dass gerade die Linde zum Liebesbaum der Romantiker wurde, zu jenem Baum, in dessen Rinde man das Liebesherz ritzt. Der Efeu gilt von alters her als Lebens- und Unsterblichkeitspflanze, weshalb man sie oft auf Gräbern findet; sie gilt auch als Symbol der unendlichen Geschlechterkette.

Der Wein besitzt ebenfalls herzförmige Blätter; seine Reben hängen wie Herzen am Weinstock. Zum Wein hat nun gerade auch Jesus Christus eine enge Beziehung: Er ist der »wahre Weinstock«, das heißt der Träger des Liebe spendenden göttlichen Herzens. So zeigt die christliche Ikonographie Christus als Weinrebe am Kreuzesholz hängen, und sein Blut tropft in den emporgehaltenen Weinkelch. Christi Herz wird gleichsam in der Kelter ausgepresst. Aus seiner Seitenwunde wächst ein Weinstock, in welchem wir sowohl den »Gefäßbaum« als auch den Stammbaum erkennen. Im letzten Abendmahl reicht Jesus seinen Jüngern Wein, und dieser soll sein Blut symbolisieren. Von daher erstaunt es ein wenig, dass im katholischen Wandlungskult nicht Rot-, sondern vor allem Weißwein verwendet wird.

Christus, die Licht- und Sonnengottheit, erscheint im Weinkult als Weingott. So werden in seiner Figur die beiden widerstreitenden griechisch-antiken Kultsphären, jene des Apollon und des Dionysos, miteinander versöhnt und im Christentum aufgehoben. Das Herz ist dabei versöhnendes Symbol, denn es gehört beiden antiken Kultsphären an; es steht mit der apollinischen Sonne und dem dionysischen Wein in enger Beziehung.

Auffällige Herzform zeigen auch die Früchte und Samen der Ballonpflanze, die Schoten des Hirtentäschel und die Blätter des seltenen Sumpfherzblatts, einem Steinbrechgewächs, ebenso die Blätter des Frühlings-Gedenkemeins, das den Vergissmeinnichtarten sehr ähnlich ist und schon in seinem Namen darauf hinweist, dass es ein Blümchen für Verliebte ist. Allseits bekannt ist das Tränende Herz, auch Herzblume oder Frauenherz genannt, das zu den Mohngewächsen zählt und oft in Gärten anzutreffen ist.

Das Vegetative – im Sinne von »pflanzlich« – wurde seit jeher mit dem Herzen und dem Gefäßsystem in Verbindung gebracht. Deshalb gibt es auch eine etymologische Urverwandtschaft zwischen Wörtern wie »Blut«, »Blüte« oder »Blatt«. Früher hieß zum Beispiel das Zwerchfell, das in enger Beziehung zum Herzen steht, »Herzblatt«. Das Gefäßsystem hatte Leonardo da Vinci als »Gefäßbaum« bezeichnet: Das Herz wäre demnach der Pflanzenkern, von dem die auf- und absteigenden Gefäße ausgehen wie bei einem Pflanzensamen, wo nach unten die Wurzeln streben und nach oben die Zweige und Blüten. Auch wurden im Mittelalter alle inneren Organe in Blüten- beziehungsweise Herzform dargestellt, worin sich die Erkenntnis kundtat, dass alle somatischen Vorgänge im Organismus eine Einheit darstellen.

Im Tierreich trifft man die Herzform nur selten an. Die Ornamentik steht dem Pflanzlichen viel näher als dem Animalischen. Das Ornament ist erstarrte Pflanzenform. Im Grunde sind die einzigen Tiere, die eine exakte Herzform aufweisen, die verschiedenen Arten von Herzmuscheln, wenngleich noch so manche andere Muschelart eine gewisse Neigung zur Herzform zeigt. In Ernst Jüngers Tagebüchern findet sich zur Herzmuschel folgende Notiz: »Sie taucht schon in den ältesten Schichten der belebten Erde auf, und noch heute sind alle Meere von ihr besiedelt, alle Küsten mit ihren Schalen bestreut. Ein großer Wurf wird ohne Unterlass und ohne Grenzen wiederholt, und wir erraten die Absicht nicht. Ein Schöpfungszeichen wird nicht müde, uns durch stete Wiederholung zu erinnern, indem es sich an unsere Sinne und unser Sinnen wendet, wie oft wir es auch achtlos in den Staub treten.«

Gerade in dieser wie geprägt scheinenden Herzform der Muschelschale tritt uns das Herz als eine steinerne Ur-Hieroglyphe gegenüber: als Schriftzeichen, dessen tiefste Bedeutung wir bis heute nicht entschlüsselt haben. Aus diesem Zeichen, so meint Ernst Jünger, leuchten Geheimnisse der Schöpfung, die dem Menschen verschlossen sind und doch der Deutung harren: »Der Wächter am Flammentore sieht, zu welch erhabener Bildung der Staub auf diesem Sterne fähig war. Es leuchtet Unsterbliches an ihm. Er gibt sein Zeichen: Die Muschel verwandelt sich in Glut, in Licht, in reine Strahlung; das Tor springt auf.« Und schon ist sie wieder da, die uralte Beziehung von Sonne und Herz, Feuer und Blut, Makro- und Mikrokosmos.

Eines steht fest: Die Herzform ist uralt. Die Natur brachte sie aus sich selbst hervor. Das heißt jedoch nicht, dass der Mensch das Herzzeichen einfach nur der Natur abgeschaut hat. Das Herz bedeutet das Wesen einer primären Form, nicht anders als der Kreis, das Quadrat oder das Dreieck. Die Herzform birgt zwar in sich Kreis und Dreieck, ist aber dennoch mehr als nur ein Konstrukt aus beidem. Sie besteht aus zwei symmetrischen, nach unten lang gezogenen Halbkreisen. Man könnte aber genauso gut sagen, dass das Herz aus einem Kreis hervorgeht, der an einer Stelle eine »Einspitzung« erfährt und an der gegenüberliegenden Stelle eine »Ausspitzung«.

Die Herzform hat etwas Urtümliches, Zwingendes, ähnlich den ungegenständlichen Figuren der darstellenden Geometrie, die vor den Dingen da sind. Und doch ist sie mehr als diese – die Herzform wirkt stärker, weil sie über die reine Abstraktion hinausgeht. Ein Dreieck bewegt Geist und Verstand, ein Herz bewegt das Herz. Ein Herz, so könnte man auch sagen, ist ein abgewandeltes dynamisches, pulsierendes Dreieck mit geschweiften seitlichen Schenkeln, der Spitze unten und der rundlich eingekerbten Breitseite oben. Im Herzzeichen sind das Runde und das Spitze harmonisch vereint, sind extreme Gegensätze zu idealer Synthese gebracht.

Was lag näher, als das Herz auch als Sinnbild für die geschlechtliche Vereinigung zu verstehen, ähnlich dem Yin-Yang-Symbol? In der Polarität, die beiden Zeichen innewohnt, lässt sich das Universum auf seinen einfachsten Nenner bringen: +1 und –1. Denn in letzter Konsequenz muss der Kosmos so einfach sein wie der Unterschied, der durch +1 und –1 symbolisiert wird, durch ja und nein, wahr und falsch. Diese einfache binäre Form, die im Herzzeichen sichtbar ist, muss auch den elementaren Schöpfungsbausteinen eigen sein, wie immer diese aussehen mögen. Denn alles, was noch einfacher wäre, hätte keine Eigenschaften mehr.

Das Herz symbolisiert somit die binäre Grundstruktur des Universums aus Anziehung und Abstoßung, positiver und negativer Ladung, Materie und Antimaterie, Materie und Geist, Leben und Tod. Und doch bleibt es ein Symbol, das sich darin nicht erschöpft; es lässt sich in diesen Wissenskategorien niemals ganz realisieren. Ebenso wenig lässt es sich ganz transzendieren, also zu einer rein philosophischen oder mathematisch-geometrischen Abstraktion machen. Das

Herz bleibt ein zutiefst dynamisches, zyklisches Symbol – wie das Organ, das in unserem Körper aktiv ist.

Es gibt also keine reine Geometrie des Herzens, eben weil es eine »Vermittlungsform zwischen Kreis und rechtem Winkel« ist, wie der Maler Paul Klee gemeint hat. Der Kreis steht für den Geist, das Quadrat für die Materie – und damit hätten wir erneut die Grundspannung des menschlichen Daseins vor uns, die tragische Conditio humana. So wenig wie die Quadratur des Kreises, so wenig funktioniert eine Quadratur des Herzens. Deshalb ist das Herzzeichen auch dann besonders stark und bezaubernd, wenn es frei dem Schwung der Hand entspringt. Die wahre Geometrie des Herzens liegt jenseits aller Geometrie. Das ist der Grund, weshalb die schönsten Herzen von Kinderhänden geschaffen werden – oder von Verrückten. Das Herzzeichen ist ja nichts anderes als verrückte, verzerrte Geometrie. Es ist das Leben selbst, das an diesem Zeichen zerrt, es streckt und staucht, bis es im einen Extrem zur Spitze von Amors Liebespfeil wird und im andern Extrem zu Evas Liebesapfel.

Haben wir damit das Herzzeichen erklärt? Nein, gewiss nicht. Das Herzzeichen ist nicht vollständig zu erklären, genauso wenig wie ein Buchstabe. Solche Zeichen kommen aus jenem Dunkel, in welchem Sprache, Schrift und Zahl ihren Ursprung haben. Man spricht nicht umsonst von »Herzensweisheit« und meint damit ein Wissen, das jenseits des Gewussten liegt. Selbsterkenntnis, also die Kenntnis des eigenen Herzens, sei, so meinte Goethe, die Voraussetzung für jenes tiefere Wissen, das uns »leise, ganz vernehmlich« anzeigt, »was zu ergreifen ist und was zu flieh'n«.

Nach Goethes Auffassung kommt jede kreative Leistung, vor allem die künstlerische, aus dem Tiefenbereich des

Herzens: »Denn es muss von Herzen gehen, was auf Herzen wirken soll.« »Herzensweisheit« beruht auf »intuitio«, also dem Anschauen der Welt mit den Augen des Herzens, freilich auch den Augen im Kopf. Nur so entsteht, nach Goethes Verständnis, echte Weltanschauung.

Damit ist das Herz zweifellos eines der gehaltvollsten Zeichen, die es gibt. Als Symbol der Liebe weist es uns darauf hin, dass die wirkliche Sprache der Liebe rein imaginär ist, eine utopische Sprache, abstrakt und sinnlich zugleich. Das Herz *ist* dieses Zeichen; es ist das zum Bild gewordene »Ich liebe dich!«. Subjekt und Objekt dieses »Ich liebe dich!«, worin ja noch das Getrenntsein der Liebenden zum Ausdruck kommt, sind im Herzzeichen aufgehoben. Ich und du sind unlösbar miteinander verschmolzen – und nach nichts anderem sehnen sich Liebende. Das Herzzeichen sagt alles, was Liebende vom Geliebten hören wollen. Das gezeichnete Herz ist der Liebesbrief, in dem alles gesagt ist, weil nichts gesagt wird.

FÜNFTES KAPITEL

Von der Angst zur Enge

Das kranke Herz

Es heißt, dass der herzkranke Mensch im Grunde liebeskrank sei. Nun erkranken freilich nicht alle am Herzen, die unglücklich oder gar nicht lieben. Es müssen noch andere Faktoren hinzukommen, damit ein »gebrochenes« Herz zu einem Infarkt oder einer anderen schweren Funktionsstörung des Herzens führt. Denn das Liebesleid ist so alt wie die Liebe selbst, während es Herz-Kreislauf-Erkrankungen zwar auch schon immer gab, doch nicht in diesem Ausmaß, wie es für unsere Zeit so typisch ist. Es sind gerade die vielfältigen Erkrankungen des Herzens und des Gefäßsystems, die das Herz als *das* Organ unserer Zeit ausweisen. Das kranke Herz ist das Organ unserer kranken Zeit.

Nun wäre es müßig, sämtliche Faktoren zusammenzutragen, die in unserer modernen Gesellschaft schuld daran sind, dass so auffallend viele Menschen »herzenskrank« sind. Insbesondere die Deutschen – wie auch die Bürger der Vereinigten Staaten – scheinen eine besonders starke Affinität zu Herzerkrankungen zu haben. In Dänemark dagegen ist in den vergangenen fünfzehn Jahren die Zahl der an Herzkrankheiten Gestorbenen um dreißig Prozent gesunken. In Deutschland blieb sie allerdings unverändert auf sehr hohem Niveau. Natürlich macht die so genannte Globalisierung auch vor Krankheiten nicht Halt, und die Unterschiede und Eigenheiten der Völker verwischen mehr und mehr – leider jedoch nicht im Hinblick auf Armut und Reichtum.

Doch wenn selbst der Pharmakonzern Hoechst uns wissen lässt, dass gerade auch in Deutschland traditionell »das Herz und das Blutkreislaufsystem im Mittelpunkt der Krankheiten und der Heilkunst« stehen, so wird wohl etwas dran sein. Das Wort »traditionell« klingt in diesem Zusammenhang etwas befremdlich, doch nach längerem Nachdenken erscheint es dann doch passend. Denn diese

Tradition gesellt sich sehr schön zu anderen typisch deutschen Traditionen, die sich am besten unter den Begriff »Angst« subsumieren lassen. Das Wort »Angst« wird inzwischen im englischen Sprachraum als Fremdwort verwendet, um ein Gefühl zu bezeichnen, das der Furcht sehr ähnlich ist. Die Angst aber unterscheidet sich von der Furcht dadurch, dass sie eines Gegenstands entbehrt. Nicht etwas Bestimmtes jagt einem Angst ein – das wäre dann Furcht –, sondern man hat einfach Angst. Ein urdeutsches Gefühl scheint zunehmend Weltgefühl zu werden.

Nun weiß man bis heute nicht genau, wie sich das seelische Befinden eines Menschen auf das körperliche auswirkt, das heißt wie die Psychosomatik funktioniert. Von »funktionieren« aber kann ohnehin nicht gesprochen werden, da es sich hierbei nicht um vorgegebene Mechanismen handelt, die bei allen Menschen gleich ablaufen. Auf Stresssituationen reagiert beispielsweise jeder unterschiedlich. Diese Individualität spiegelt sich auch im Immunsystem wider. Wichtig ist hier die Grundgestimmtheit einer Person, ob sie zum Beispiel als »dominant«, das heißt lebensbejahend und kreativ charakterisiert werden kann oder als »submissiv«, das heißt nachgiebig und unterwürfig. Ein Grundgefühl wie Angst wird deshalb bei grundlegend verschiedenen Persönlichkeitstypen auch unterschiedlich präsent sein und unterschiedliche somatische Wirkungen beziehungsweise gar keine Wirkungen zeigen.

Auch wenn die Psychosomatik nicht sagen kann, *wie* sich eine grundlegende seelische Gestimmtheit auf die körperliche Ebene überträgt und als Krankheitssymptom äußert, so kann sie immerhin sagen, dass es so ist. Die seelischen Grundgestimmtheiten eines Menschen, seine Persönlichkeitsmerkmale, sind teilweise genetisch begründet: Ob jemand gesellig und weltoffen ist, emotional stabil oder labil, liegt mindestens zu fünfzig Prozent an seinen Genen. Doch die anderen fünfzig Prozent geben gewissermaßen den Freiheitsrahmen vor, in welchem sich – auf dieser genetischen Grundlage – die Lebensgeschichte eines Menschen schicksalhaft in ihrer Einmaligkeit realisiert.

Die Psychosomatik stellt nun das Bemühen dar, diese einmalige Lebensgeschichte eines Patienten zu erforschen, sie mit anderen ähnlichen Lebensgeschichten zu vergleichen und daraus eine Krankheitsgeschichte beziehungsweise eine Krankheitsbereitschaft abzuleiten. Diese Wissenschaft betrachtet die Seele als die bewegende Kraft des Organischen. Doch die Seele ist nicht etwas, das zur toten Materie hinzukommt und sie lebendig macht. Seele ist keine zusätzliche geistige »Substanz«, sondern vielmehr ein Aktualitätsprinzip: Mit »Seele« ist das Lebendigsein des Lebendigen gemeint.

Daraus ergibt sich ein ganzheitliches dynamisches Menschenbild, in welchem der uralte Leib-Seele-Dualismus keinen Platz mehr findet. Krankheit ist keine monokausale Angelegenheit. Wie eine Seelenmedizin ohne Körper sinnlos ist, so auch eine Körpermedizin ohne das Seelische. Seele und Körper sind eine unlösbare Einheit – solange der Organismus lebt.

Der lebendige Organismus ist ein komplexes Kommunikationssystem auf der Grundlage von Zeichen. Schon die kleinsten Einheiten des Körpers, die Moleküle und Zellen, erkennen sich gegenseitig und kommunizieren miteinander als Zeichen, die gedeutet werden. Kommunikation bedeutet die Ganzheit aus Information, Übermittlung und Verstehen; sie ist nichts Lineares, sondern Zirkuläres und Zirkulierendes, ein Kreisgeschehen. Jede Kommunikation setzt neue Kommunikationen in Gang; Wirkungen werden ausgelöst, die wiederum Kommunikationen bewirken – und immer so weiter. »Therapie«, so meint der Psychosomatiker Thure von Uexküll, »heißt Antworten geben, die dem Patienten zeigen, dass die Zeichen, die er auf einer körperlichen, psychischen oder sozialen Ebene sendet, verstanden werden.«

Auf dieser allgemeinen Grundlage erarbeitete die Psychosomatik einen typischen Grundbezug von Herzpatienten zur Welt, von dem aus ihre individuellen Symptomatiken verständlicher werden. Beim Herzkranken ist dieser Grundbezug jener der Unfreiheit. Sein Persönlichkeitsprofil ist geprägt von zielbewusster Strebsamkeit, Beharrlichkeit und Selbstbeherrschung. Das Leben vieler Herzkranker war, bevor sie erkrankten, auf Leistung und Erfolg ausgerichtet. Solche Menschen geraten zwangsläufig gegenüber der Welt in ein Verhältnis der Unfreiheit, da sie spontane Aktionen zurückstellen und ihr gesamtes Handeln Fernzielen unterordnen. Es gibt kaum noch Spielraum für die Vielfalt und Vielschichtigkeit, die das Leben zu bieten hat.

Hinter einem Übermaß an Ordnung, der totalen Fixierung auf ein Ziel, der Zwanghaftigkeit der Lebensäußerungen verbirgt sich in den meisten Fällen eine tief greifende existenzielle Angst. Diese Angst wird durch die oben aufgezählten Lebensziele und Verhaltensweisen zu bannen versucht; sie wird dadurch jedoch nicht aufgelöst, sondern nur zugedeckt. Gelegentlich tritt sie nach außen in Form von Wutanfällen und Zornausbrüchen, also von Aggressivität. Dabei ist dieser Weltbezug ohnehin von Aggressivität geprägt – es handelt sich um ein tägliches Ringen und Sichbehaupten. Fast alle Charaktereigenschaften, die dieser

Menschentyp an den Tag legt, zeigen das Signum der Aggressivität, seien es nun Ehrgeiz, Konkurrenz, Rivalität, Ungeduld oder Gereiztheit.

Der typische Herzkranke ist ruhelos; er muss immer tätig sein. Er stellt die höchsten Ansprüche an sich selber, ist immer bestrebt, Verantwortung zu übernehmen und seine Pflicht mehr als hundertprozentig zu erfüllen. Das hat zur Folge, dass er fast pausenlos unter Druck steht. Mehr noch als die Erwartungen anderer, will er seine eigenen Erwartungen an sich selbst erfüllen. So entsteht ein Teufelskreis, in welchem in immer kürzerer Zeit immer mehr erreicht sein will. Wer derart ruhelos nur mehr einem selbstgesetzten Leistungsprinzip gehorcht, spürt nichts mehr von der existenziellen Angst, die letztlich die Triebkraft ist für das ehrgeizige Streben nach Erfolg, Macht und Prestige.

In einer Gesellschaft, die sich stolz als Leistungs- und Konkurrenzgesellschaft tituliert, hat dieser Menschentyp auch wenig Grund, sein Verhalten in Frage zu stellen und zu ändern. Vielmehr begünstigt die moderne Leistungsgesellschaft, in der jeder gegen jeden sich zu behaupten sucht, diese aggressiven Verhaltensweisen. Sie verheißen nur Vorteile: Wer schnell, flexibel und aggressiv leistungsfähig ist, wird im Beruf erfolgreich sein. Und Berufsleben wird oft mit Leben verwechselt.

In ihrer »Psychologie des Koronarpatienten«, die Antoine Bloch und Anne-Lise Bersier von der Universität Genf im Jahre 1979 veröffentlichten, erscheint der typische Herzkranke als ein zwanghafter Mensch mit einer auffallend großen »narzisstischen Zerbrechlichkeit«. Folgende Charaktereigenschaften werden in der Studie als signifikant angesehen: »Enormer Einsatz bei der Arbeit, große Bereitschaft, Verantwortung zu übernehmen; übertriebener Perfektionismus, darauf abzielend, jeglicher Kritik zuvorzukommen; Pedanterie, Ordnungssinn, Wunsch nach Eigenkontrolle und Kontrolle der Umgebung; Unterdrückung von Gefühlen, insbesondere der Angst; Neigung zu Rationalisierung; Schwierigkeit, Aggressivität anders auszudrücken als durch impulsive oder explosive Anfälle; ständiger Kampf um beruflichen Erfolg, Gefühl der Allmacht und Unverletzlichkeit, Verleugnung der Grenzen der Widerstandskraft, fehlende Schonung, Intoleranz gegenüber jeglicher Infragestellung der eigenen Person, Zerbrechlichkeit bei Misserfolgen; Bedürfnis, geliebt und geschätzt zu werden; Erfolgssucht, äußerst armselige Phantasiewelt und Träume, unerfülltes Leben außerhalb der beruflichen Tätigkeit, ausgeprägte Hyperaktivität; Unfähigkeit, sich zu entspannen und auszuruhen; auf Aktivität ausgerichtete Freizeitgestaltung, scheinbar beispielhafte soziale Anpassung bei bestehender Unzufriedenheit, dürftiges Sexualleben; allgemeine Unfähigkeit, sich zu vergnügen.« (Zitiert nach Condrau/Gassmann.)

Selbstverständlich ist dieses Bild des typischen Herzinfarktkandidaten nichts anderes als ein Klischee. Doch ein Klischee ist nicht das Schlechteste, um sich einem so komplexen Problem wie dem »kranken Herzen« anzunähern. Wenn ein Mensch diesem Klischee recht nahe kommt, so heißt das nicht, dass er zwangsläufig am Herzen erkranken wird. Es bedeutet nur, dass sich die Wahrscheinlichkeit, herzkrank zu werden, erhöht, wenn man diesem Charaktertypus ähnelt.

Zu fragen ist freilich, wieso sich solch eine Grundkonstellation auf das Herz zerstörerisch auswirkt. Hierzu muss man zunächst einmal feststellen, dass die Psychosomatik gar nicht behauptet, dass das Herz als einziges Organ gefährdet ist. Menschen mit aggressivem Leistungsstreben neigen beispielsweise in signifikanter Weise zu Magengeschwüren und Migräne. Und – was man nicht vergessen darf! – viele Menschen, die dem oben skizzierten Typ entsprechen, werden niemals herzkrank.

Damit berühren wir das Grundproblem jeglichen Erkrankens: Es ist kein monokausaler Vorgang. Krankheit bedeutet immer die Erkrankung eines einmaligen Individuums mit seinem einmaligen Bezug zur Welt. Bei der Beschreibung von Menschentypen mit starker Neigung zu bestimmten Krankheiten geht es um statistische Größen, also um Wahrscheinlichkeiten.

Das heißt jedoch nicht, dass Prävention von Krankheiten sinnlos wäre. Denn in jeder Krankheitsstatistik schlägt sich nichts anderes als Wirklichkeit nieder; sie setzt sich aus Einzelschicksalen zusammen, woraus sich allgemeine Rückschlüsse ziehen lassen, die wiederum für Einzelschicksale von lebenserhaltendem Nutzen sein können. Aus diesem Grund ist der beliebte Hinweis, dass man auch als starker Raucher hundert Jahre alt werden kann, unsinnig, weil man vermutlich nicht exakt jene individuellen Eigenschaften und Lebensumstände besitzt wie dieser oder jener glückliche Hundertjährige. Vielmehr sollte man ganz nüchtern davon ausgehen, dass man rein statistisch näher am Durchschnitt liegt als an den Ausnahmen.

Wir stellen also fest, dass aus der Sicht der Psychosomatik insbesondere jener Menschentyp zu Herzerkrankungen neigt, der durch eine starke Gefühlshemmung geprägt ist. Ihm fällt es schwer, Gefühle zu zeigen und die Gefühle anderer an sich heranzulassen. Dahinter steckt, wie erwähnt, nichts anderes als Angst. Weil aber Angst auch ein Gefühl ist, muss dieses ebenfalls unterdrückt und verdrängt werden. Das heißt: Die Unterdrückung der Angst ist das eigentliche Problem, und nicht die Angst selbst. Angst an sich kann nicht als krankhaft bezeichnet werden; sie gehört zum menschlichen Dasein, insofern es ein gefährdetes Dasein ist. Angst ist von Geburt an da; den Geburtsakt selbst erfahren wir als einen der Enge und Beklemmung. Und Angst bestimmt fortan unser In-der-Welt-Sein.

Aber wann wird Angst krankhaft? Sie wird es von dem Moment an, da etwas Angst macht, das objektiv keine Bedrohung darstellt. Hierzu zählen vor allem positive Gefühle wie Liebe, Zuneigung, Geborgenheit oder Hingabe. Die Psychologen sprechen in diesen Fällen von einer so genannten Angststörung. Angst wird dabei zum Grundgefühl des Lebens, zu einem allgegenwärtigen Zustand, und dieser blockiert die Lebenskräfte und zehrt sie nach und nach auf. Irgendwann wird dann das ganze Leben als lebensbedrohlich empfunden. Die Angst *um* das Leben verschmilzt mit der Angst *vor* dem Leben. Eine immer stärkere Reduzierung der Lebensäußerungen setzt ein. Angst lähmt; sie macht unfrei.

Angst, wir sagten es schon, hat eine besondere Affinität zum Herzen. Es scheint die enge Beziehung von Herz und Gefühl beziehungsweise Herz und Seele eben doch mehr zu sein als nur eine mythische, philosophische oder theologische Konstruktion. Selbst wenn wir längst wissen, dass für unsere Emotionen nicht das Herz zuständig ist, sondern bestimmte Bereiche unseres Gehirns, so ist es doch unbestritten, dass das Herz am stärksten und unmittelbarsten auf Gefühlsregungen reagiert. Damit scheint es aber auch als Mitteilungsorgan für seelische Störungen prädestiniert zu sein. Unterdrückte Gefühle suchen sich vornehmlich über das Herz einen Weg nach außen in Form von Krankheitssymptomen.

Krankheit ist im Grunde nichts anderes als das Signal des Organismus, dass die Lebenskräfte in mehr oder weniger starkem Maß gestört sind. Im Krankheitssymptom wird mitgeteilt, welcher Art und wie schwer die Störung ist. Beim Arzt setzt dies allerdings eine ganzheitliche Sicht des Menschen voraus. Jede Störung hat mit dem *ganzen* Menschen zu tun, nicht nur mit dem einzelnen Organ, an dem die Störung symptomatisch wird. Das hat die Schulmedizin bis heute nicht verstanden, weshalb sie auch bei der Heilung chronischer Krankheiten weitgehend erfolglos ist.

So wie positive Gefühle, etwa Liebe und Zuneigung, das Herz beflügeln und stärken, so können negative Gefühle wie Angst, Schwermut, Eifersucht oder Hass das Herz angreifen, vor allem dann, wenn sie nicht ausgedrückt, sondern unterdrückt werden.

Angststörungen werden leider von vielen Schulmedizinern nicht ernst genommen. Und damit ist eine entscheidende Chance zur Heilung vertan. Denn Menschen mit Angststörungen wenden sich meist nicht an einen Psychotherapeuten, sondern an einen Internisten, und zwar deshalb, weil die Angststörung mit gravierenden körperlichen Symptomen bezüglich Herz und Kreislauf verbunden ist. Dem plötzlichen, grundlosen Gefühl der Panik folgt die Wahrnehmung des extrem beschleunigten Herzschlags und einer ebenso schnellen Atmung, meist verbunden mit Herzschmerzen, Atemnot, Schwindel, Zittern und Schwitzen. Der Patient befürchtet, sein Herz könne stehenbleiben oder buchstäblich zerreißen. Aus Angst vor einem drohenden Infarkt retten sich die betroffenen Menschen in ihrer Todesangst meist in die Ambulanz des nächsten Krankenhauses, wo eine kurze Untersuchung auf einen organischen Herzdefekt natürlich ergebnislos bleibt. Das heißt, es gibt schon ein Ergebnis, und dieses lautet: »Ihnen fehlt nichts, Ihr Herz ist gesund.«

Die Diagnose ist nicht mal falsch. Herzbeschwerden sind tatsächlich in jedem dritten bis vierten Fall nicht organisch bedingt. Nur, dem Patienten nützt diese Erkenntnis nichts, denn sie ändert nichts daran, dass es massive Beschwerden sind, die seine Lebensqualität stark vermindern. Die Diagnose »Ihnen fehlt nichts« führt zu keinerlei Beruhigung des Patienten. Im Gegenteil: Seine Angst wird durch die Gewohnheit der meisten Ärzte, erst einmal zum Rezeptblock zu greifen, eher noch verstärkt. Die offensichtliche Notlage eines Herzangst-Patienten, der sich in wirklicher Todesangst befindet, führt dazu, dass der erstbehandelnde Arzt sich zum Handeln gezwungen sieht, auch wenn er den Menschen für organisch gesund hält. Also verordnet er Medikamente. Dieser Widerspruch zwischen der Aussage des Arztes – »Sie sind organisch gesund« – und den auf dem Beipackzettel angegebenen Verordnungsgründen verstärkt nur die Zweifel und die Beunruhigung des Patienten.

Der fixierte Blick des Schulmediziners auf das isolierte Organ macht ihn blind, um nicht zu sagen: ignorant gegenüber dem Gesamtbefinden eines Menschen. Dabei müsste ein Arzt wissen, dass sich niemand grundlos in ein Krankenhaus begibt; der Leidensdruck muss sehr hoch sein, um diesen Schritt zu tun. Damit stellt ein derart unsensibler Arzt die Weichen zu verlorenen Lebensjahren, hohen Kosten für das Gesundheitssystem und letztlich zu einer Lebensgefährdung des Patienten.

Dabei handelt es sich im Falle der Angststörung keineswegs um irgendeine mysteriöse oder gar eingebildete

Krankheit, sondern um eine massive psychische Erkrankung, die mittlerweile bei Frauen die häufigste, bei Männern die zweithäufigste darstellt – nach den Süchten. Weltweit tritt sie mit erstaunlicher Gleichförmigkeit bei fünfzehn Prozent aller Menschen mindestens einmal im Leben auf.

Man darf es gewiss als medizinisches Skandalon bezeichnen, dass nach zwanzig Jahren Angstforschung die meisten der praktisch tätigen Mediziner es immer noch nicht verstehen, Angststörungen zu erkennen und eine Psychotherapie in die Wege zu leiten. Ebenso unbegreiflich ist es, dass angesichts präziser diagnostischer Kriterien ein Mensch mit Angststörungen in Deutschland durchschnittlich sieben bis zehn Jahre durchs Arztpraxen-Labyrinth irren muss, ehe er zumindest die korrekte Diagnose gestellt bekommt – die er selbst längst gestellt hat.

Die Folgen einer solchen Verzögerung sind schwerwiegend, wie die Statistik zeigt: Bereits nach einem Jahr unbehandelter Angststörung schafft es ein Patient kaum noch, seine Symptome ohne therapeutische Hilfe loszuwerden. Zudem stellen Phobien ganz allgemein einen großen Risikofaktor für das Entstehen von Alkohol- oder anderer Drogenabhängigkeit dar. Auch die Selbstmordrate ist bei Angstpatienten achtzehnmal höher als bei gesunden Menschen.

Dabei weiß man längst, wie das Problem in den Griff zu bekommen wäre: durch eine sichere Diagnostik. Zu dieser sind jedoch die meisten Hausärzte nicht in der Lage. Daraus ergibt sich die erschreckende Tatsache, dass nur ein bis drei Prozent aller Angstpatienten eine angemessene Therapie erfahren! Der überwiegende Teil der Patienten wird ausschließlich medikamentös behandelt, wobei nicht Heilung das Ziel ist, sondern das chronische Zudecken der Symptome. Häufig geschieht dies durch das Verschreiben von suchterzeugenden Antidepressiva oder Beruhigungsmitteln.

Selbst wenn vom Arzt erkannt wird, dass es sich um eine psychosomatische Störung handelt und somit eine Psychotherapie angezeigt wäre, bleibt die gewählte Therapieform oft wirkungslos. Eine Psychoanalyse beispielsweise ist als Angsttherapie ungeeignet. Wer täglich unter schweren Angstanfällen leidet, hat nichts davon, jahrelang einem schweigenden Analytiker von diesen Angstanfällen zu erzählen. Dagegen haben sich Verhaltenstherapien oder Entspannungsübungen wie Autogenes Training oder die Progressive Muskelrelaxation nach Jacobson als stabilisierende Ersttherapien sehr gut bewährt, vor allem auch in Verbindung mit Gestalttherapie, Bioenergetik und anderen körperorientierten Verfahren. Doch diese allein genügen meist nicht, um eine wirkliche Auflösung der Herzphobien zu erreichen.

Jedem müsste einleuchten, dass das Bekämpfen dieser Krankheit mit Medikamenten keine Heilung bringen kann, da die Ursachen der Krankheit bestehen bleiben: Sprach- und Gefühllosigkeit im sozialen Miteinander. Denn das Herz spricht nur im Namen der Psyche; es beginnt zu sprechen aus mangelnder Ansprache. Unter diesem Gesichtspunkt hat der Glaube an das ärztliche Spezialistentum etwas Verrücktes. Für einen Angstpatienten muss kein Medikament gefunden werden, sondern ihm selbst muss man die Möglichkeit geben, eine Sprache zu finden für das, was er ist – und für das, was ihn dazu gemacht hat. Er muss erst einmal lernen, seine Ängste beim Namen zu nennen. Damit erscheint das Herz in gewisser Weise als sein eigenes Heilmittel.

Frauenherz – Männerherz

Nicht nur in den Herzphobien, sondern in allen Herzkrankheiten scheint es irgendwie um ein Kranksein an der modernen Gesellschaft mit ihrer Tendenz zu Gefühllosigkeit und Isolation zu gehen. Diese Vermutung wird durch die Statistik bestätigt: In den ersten Jahren nach dem Zweiten Weltkrieg zählte man in Deutschland nur etwa 2.500 Tote durch Herzinfarkt pro Jahr. 1997 erlitten im selben Zeitraum bereits 82.600 Menschen einen tödlichen Herzinfarkt! Unter ihnen stellten die Männer mit 55 Prozent die Mehrheit. Wenn man die verschiedenen Herz-Kreislauf-Erkrankungen zusammennimmt, dann sind sie die Ursache für fast jeden zweiten Todesfall. Das heißt, in Deutschland sterben jährlich etwa 400.000 Menschen daran, und zwar circa 170.000 Männer und 240.000 Frauen.

Es ist also nicht so, dass von Herzerkrankungen vor allem das männliche Geschlecht betroffen wäre; das gilt nur für den Herzinfarkt. Doch vor allem während der beruflich aktiven Lebensphase des Mannes – also im Alter zwischen 25 und 63 Jahren – erhöht sich sein Infarktrisiko um das Zwei- bis Dreifache gegenüber dem der Frau. Für diese Altersspanne ist der Herzinfarkt *das* Stigma. Das so genannte starke Geschlecht ist in dieser Hinsicht das schwächere. Dieses Faktum ist weniger biologisch als gesellschaftlich begründet. Denn der berufliche Stress und der soziale Druck zehrt weit mehr an den Männern als an den Frauen, da trotz Frauenemanzipation die Männer hauptsächlich für die Existenzsicherung in den Familien verantwortlich sind.

Statistiken besagen, dass 21 Prozent aller Herzrhythmusstörungen am häufigsten montags auftreten, doppelt so viele wie am Wochenende – allerdings unabhängig von Geschlecht und Alter. Überraschenderweise haben auch alte Menschen, die nicht mehr berufstätig sind, vermehrt an Montagen Herzprobleme. Es ist, als würde sie der psychische Druck des beruflichen Montags noch im Nachhinein verfolgen.

Männern fällt es grundsätzlich schwerer, ihre Schwächen zu zeigen, vor allem auch im Beruf. Deshalb gehen sie auch rücksichtsloser mit ihrer Gesundheit um als Frauen. Sie trinken und rauchen mehr als Frauen, neigen stärker zu illegalem Drogenkonsum und sterben auch öfter daran. Die Essgewohnheiten der Männer sind ebenfalls weit weniger gesundheitsorientiert als bei den Frauen. 70 Prozent der dreißig- bis fünfzigjährigen Männer sind zu dick. Männer bevorzugen Fleisch, Brot, Alkohol und Süßwaren, während sie Obst und Gemüse nicht besonders schätzen. Ärzte suchen sie oft erst auf, wenn es zu spät ist.

Wesentlich schwächer als die Frauen sind die Männer auch in ihrer sozialen Kompetenz. Sie geben sich gern als Einzelkämpfer und wollen sich als solche vor allem im Beruf bewähren, weshalb sie darin ihre ganze Kraft investieren. Erfolg und Karriere sind ihnen oft wichtiger als Familie und Freunde. Längst weiß man aber, dass soziales Eingebundensein eine wichtige Rolle bei der Vermeidung von Herzkrankheiten spielt. Das erweist sich vor allem dann, wenn Männer im Beruf keinen Erfolg mehr haben oder ihn aus Altersgründen beenden. Häufig stehen sie dann buchstäblich vor dem Nichts. Es ist also kein Zufall, dass tödliche Herz-Kreislauf-Erkrankungen meist gegen Ende des Berufslebens auftreten. Man spricht sogar vom »Pensionierungstod« und meint damit das plötzliche Erlahmen der Herz-Kreislauf-Tätigkeit.

Doch auch Frauen sind – trotz ihrer höheren sozialen Kompetenz – nicht vor gesundheitlichen Beeinträchtigungen gefeit – vor allem nicht vor Depressionen und anderen seelischen Krankheiten; sie kommen bei ihnen viel häufiger vor als bei Männern. Familie und Freunde allein machen also auch nicht zufrieden. Dadurch relativiert sich dann wieder die Bedeutung von geschlechtsspezifischen Risikofaktoren. Und überhaupt: Ein langes Leben muss nicht unbedingt das bessere Leben sein.

Für beide Geschlechter ist das Alter hinsichtlich der Herzkrankheiten ein entscheidender Risikofaktor, freilich nicht nur aus psychosomatischer Sicht. Es kommen jede Menge altersspezifischer Veränderungen im Herzen und im Hormonhaushalt hinzu. Diesen Veränderungen unterliegen Männer und Frauen gleichermaßen. Frauen genießen durch die weiblichen Geschlechtshormone (Östrogene) einen gewissen Schutz vor frühzeitiger Arterienverkalkung und Herzinfarkt, doch dieser lässt nach den so genannten Wechseljahren nach, und so steigt auch bei den Frauen wiederum das Infarktrisiko. Frauen ereilt der Herzinfarkt im Durchschnitt zehn Jahre später als Männer. Jenseits der Wechseljahre holen sie jedoch rasch auf: Nach dem 65. Lebensjahr ist die Zahl der Frauen, die an Durchblutungsstörungen der Herzkranzgefäße sterben, rund 10 Prozent höher als die der Männer. Das liegt zum einen am höheren Lebensalter zum Zeitpunkt des Infarkts, zum andern aber auch daran, dass bei Frauen erste Infarkte öfter unerkannt bleiben und somit nicht therapiert werden – bis es zu einem zweiten, dann tödlichen Infarkt kommt.

Hinzu kommt, dass Frauen zum Zeitpunkt eines Infarkts öfter an anderen, das Herz belastenden Krankheiten wie Diabetes oder Bluthochdruck leiden. Und außerdem geht aus Untersuchungen der Universitäten Ulm und Gießen hervor, die 1998 in der Fachzeitschrift »British Medical Journal« veröffentlicht wurde, dass Frauen oftmals zweitklassig behandelt werden. Man weiß beispielsweise, dass sie, unabhängig von der Diagnose, bei Herzrhythmusstörungen technisch weniger ausgereifte Herzschrittmacher erhalten als Männer. Ein kaum bekanntes Skandalon unseres Gesundheitswesens!

Je vielfältiger und fundierter unser Wissen über die Ursachen von Herz-Kreislauf-Erkrankungen wird, umso deutlicher wird auch, dass einfache Ursache-Wirkungs-Muster auch hier nicht weiterhelfen. Doch das gilt letztlich für jede Art von Erkrankung. Unzählige Faktoren können eine Rolle spielen. Die psychische Disposition haben wir beschrieben; hinzu kommen das Alter, starker Zigarettenkonsum, einseitige, fettreiche Ernährung, Bewegungsmangel, Dauerstress, schwere Schicksalsschläge, Vereinsamung und anderes mehr. Oft bedarf es dann nur noch eines kleinen, an sich unbedeutenden Auslösers, um eine Herzrhythmusstörung oder einen Infarkt auszulösen: eine starke körperliche Anstrengung, ein Zornausbruch, eine Stresssituation. Meistens ist aber gar kein bestimmter Auslöser festzustellen, etwa, wenn ein Infarkt im Schlaf geschieht, wobei man allerdings nicht weiß, ob nicht auch eine angespannte oder angstvolle Traumsituation zum Auslöser werden kann.

Inzwischen ist die Risikoforschung bei Herzkrankheiten auch für die Fachleute kaum noch zu überschauen. Vor allem in den USA treibt sie zum Teil kuriose Blüten. Es scheint fast nichts zu geben, das nicht zum Herzkrankheitsrisiko werden könnte. Bereits vor Jahren hatten Studien Hinweise erbracht, wonach Glatzenbildung bei Männern und Infarktrisiko etwas miteinander zu tun haben, besonders bei Männern unter 55 Jahren.

Im Jahre 1995 bestätigten Ergebnisse aus der amerikanischen Framingham-Herzstudie diese Vermutung. Danach ist es jedoch nicht entscheidend, wie viele Haare ein Mann verliert, sondern wie schnell das geschieht. Das Ausmaß der Glatze ist also nicht entscheidend, solange sie sich über einen langen Zeitraum gebildet hat. Von jenen Männern, denen besonders schnell die Haare ausgingen, erlitten 41 Prozent später einen Herzinfarkt oder entwickelten schwere chronische Herzleiden. Dagegen waren nur 27 Prozent der Männer mit kaum merklichem Haarverlust von diesen Krankheiten betroffen. Nach Berücksichtigung der anderen bekannten Risikofaktoren wie Rauchen, Übergewicht und Cholesterinspiegel ergab sich ein 2,4-fach höheres Erkrankungsrisiko für Männer mit starkem Haarverlust in relativ kurzer Zeit, also innerhalb von einigen Jahren. Die Wahrscheinlichkeit, an einer Herzkrankheit zu sterben, war sogar 3,8-mal so hoch.

Nun wüsste man gern, welche organische Beziehung zwischen Herz und Kopfhaar besteht, aber darüber sagt die Studie nichts. Zu vermuten ist, dass hormonelle Veränderungen eine Rolle spielen. Unklarheit herrscht in der Studie auch über die Bedeutung des Alters, das heißt, es wäre zu klären, ob junge Männer mit plötzlichem Haarausfall gefährdeter sind als solche, bei denen ein rasch fortschreitender Haarausfall erst im Alter einsetzt.

Eine andere Studie der Universität Minnesota aus dem Jahre 1997 ergab, dass bestimmte Bakterien (Streptococcus sanguis), die durch wundes Zahnfleisch ins Blut gelangen können, das Risiko für einen Infarkt erhöhen. Eine gute Zahnpflege kann somit auch einem Herzinfarkt vorbeugen. Schwere Fälle von Parodontose erhöhen die Gefahr eines

Infarkts fast auf das Dreifache. Doch bei derartigen Studien gibt es fast immer das gleiche Problem: Sie stellen etwas fest, erklären aber nicht, was die Ursachen für das Festgestellte sind. Das gilt zum Beispiel auch für eine kanadische Studie, bei der 6.000 Männer mit Herzproblemen befragt wurden. 34 von ihnen, also ein verschwindend kleiner Prozentsatz, hatten beim Sex einen Herzinfarkt erlitten, freilich keinen tödlichen, sonst hätten sie ja nicht mehr darüber berichten können. Von diesen 34 Fällen seien 27 »Seitensprünge« gewesen, wobei bereits länger verheiratete Männer im mittleren Alter am gefährdetsten waren. Ob auch Frauenherzen durch »Seitensprung« gefährdet sind, ist nicht bekannt, scheint aber eher unwahrscheinlich zu sein; sie verausgaben sich bei Kopulationen naturgemäß weniger. Auch bei Spinnenmännchen ist bekannt, dass sie oft kurz nach dem Geschlechtsakt an Erschöpfung verenden. Man kann das Ergebnis der Studie vielleicht so deuten, dass Männer ihren Seitensprung nicht nur als Vergnügen, sondern als gehörigen Stress empfinden, der womöglich noch mit Angst, Scham und Schuldgefühlen einhergeht.

So gewinnt man beim Studium der zahllosen Herzkrankheits-Studien ein umfangreiches Mosaik aus Risikofaktoren, doch dieses Mosaik ergibt kein wirklich plastisches Bild. Die Mosaiksteinchen stehen weitgehend beziehungslos zueinander. Das heißt nicht, dass sie deshalb sinnlos wären. Es müsste nur gelingen, sie in ein ganzheitliches Menschenbild einzufügen, und damit ist stets das ganzheitliche Bild des Individuums gemeint. Die Ursachenforschung weckt aus diesem Grund den Eindruck eines Herumirrens und Herumstocherns in einem Wust von unzähligen Faktoren. Denn es gibt fast nichts im Leben, das nicht zum Krankheitsfaktor werden könnte.

Das Netz der Daten und Forschungsdetails wird zwar immer feinmaschiger, doch bislang hat das nur geringen Einfluss auf die tatsächliche Prävention. Oder anders: Die Prävention hat nicht dazu geführt, dass die Herzkrankheiten in unserer Gesellschaft abnehmen. Fast gebetsmühlenartig erteilen Mediziner die immergleichen Ratschläge, die von der Bevölkerung kaum befolgt werden. Diese Ignoranz des Bürgers hat gewiss auch damit zu tun, dass sich die Ratschläge oftmals widersprechen. Neue Forschungsergebnisse, die in den Medien als Sensationen verkauft werden, lassen ältere Ansichten als falsch erscheinen, Erfahrungen mit bestimmten Methoden werden wiederum dagegengehalten, bis am Ende niemand mehr so recht weiß, was nun eigentlich gut ist fürs Herz und was nicht.

Bei eingehender Betrachtung der vielen Ratschläge zur Vermeidung von Herzerkrankungen kommt man zu dem Schluss, dass man auch heutzutage in der Prophylaxe noch nicht viel weiter ist als zu Zeiten eines Hippokrates oder Paracelsus. Der Rat der alten Ärzte zur Gesunderhaltung des Herzens lautete etwa so: Bewusst atmen, sich ruhig bewegen, mäßig essen und trinken, geregelt schlafen und wachen, gesittet, das heißt menschlich miteinander umgehen.

Etwas grundlegend anderes raten die Ärzte von heute auch nicht, mal davon abgesehen, dass der gesittete, man könnte auch sagen, freundliche Umgang zwischen den Menschen nirgendwo als Gesundheitsfaktor zur Sprache kommt, obgleich er am Ende vielleicht der wichtigste von allen ist. Denn mitfühlender Umgang mit anderen setzt voraus, dass man mit sich selbst rücksichtsvoll umgeht. Wer den eigenen (Herz-) Schmerz nicht wahrnimmt, nimmt auch auf den Schmerz des anderen keine Rücksicht.

Eine bedenkliche Tatsache sollte man bei all den guten Ratschlägen der Ärzte nicht übersehen: dass dieser Berufsstand sich nämlich selber kaum an seine Ratschläge hält. Ärzte haben ein besonders hohes Risiko, am Herzen zu erkranken. Ärzte leben ungesund, obwohl sie ja Vorbilder sein sollten.

Das Herz isst mit

Bei der Prävention von Herzerkrankungen kommt der Nahrung eine besondere Bedeutung zu. Die moderne westliche Gesellschaft ist eine überernährte Gesellschaft. Das Zuviel scheint ganz allgemein ein Gesundheitsrisiko zu sein, vor allem dann, wenn es mit einem Zuwenig im Bereich der Gefühle einhergeht. Ärzte sprechen vom »Selbstmord mit Messer, Gabel und Zigarette«. Womit wir wieder bei einer statistischen Größe angelangt wären: Zwei Drittel aller Erkrankungen von Herz und Kreislauf könnten vermieden werden, wenn sich die Menschen gesünder ernähren und mehr bewegen würden – und mit dem Rauchen aufhörten, falls sie Raucher sind. Doch für Statistiken hat der Mensch nun mal keinen Sinn, weil er sie nicht auf seine Person bezieht. Sterben tun immer die anderen.

Es gibt in unserer Gesellschaft zwar einen gewissen Trend zum »Gesünder essen« oder zur so genannten »Fitness«, doch es existieren auch entgegengesetzte Trends, zum Beispiel immer mehr rauchende Frauen, immer mehr übergewichtige Kinder und Jugendliche, immer früherer Beginn beim Zigarettenkonsum. So bleibt also statistisch gesehen alles beim Alten. Vermutlich liegt die wichtigste Phase für die

Vorbeugung von Herz-Kreislauf-Erkrankungen ohnehin in der Kindheit und Jugend. Mit Sorge sehen Präventionsmediziner, dass bei immer mehr Jugendlichen Bewegungsmangel, einseitige Ernährung und Rauchen die Lebensweise prägen.

Vierzig Jahre später lassen sich die Folgen dieser falschen Lebensgewohnheiten kaum noch therapieren. Und das heißt: Jeder dritte vierzigjährige Raucher, der einen erhöhten Blutdruck und einen Cholesterinspiegel über 230 Milligramm pro Deziliter Blut hat, wird in den nächsten zehn Jahren einen Herzinfarkt erleiden. Selbstverständlich glaubt jeder von ihnen, dass er zu den zwei Dritteln gehören wird, die keinen Infarkt erleiden werden.

Die Gesundheitspolitik hat nun mal bei individuellen Lebensgewohnheiten nur geringe Einflussmöglichkeiten, doch wo sie sie hätte, etwa bei der Zigarettenwerbung, die immer stärker auf jugendliche Konsumenten zielt, bleibt sie auf unverantwortliche Weise untätig.

Dass Rauchen ungesund ist, weiß jeder. Doch auf anderen Gebieten des Konsums von Nahrungs- und Genussmitteln fällt es schon schwerer, festzustellen, was gesund ist oder ungesund. Zu widersprüchlich sind auch hier die wissenschaftlichen Studien. Da ist zum Beispiel die Sache mit dem Bluthochdruck: Dass dieser das Infarktrisiko erhöht, scheint allgemein anerkannt. Er führt nämlich langfristig zu einer Schädigung der Arterien mit der Folge ihrer Verkalkung und diese bildet sich vor allem an den Herzkranzgefäßen aus. Aber auch der Herzmuskel selbst wird durch eine chronische Überbeanspruchung geschädigt. Er muss bei jedem Herzschlag einen entsprechend höheren Druck erzeugen, um das Blut in den Kreislauf zu drücken. Bluthochdruck kann jedoch nicht nur das Herz und die Arterien schädigen, sondern auch andere Organe, etwa die Nieren oder die Augen.

Nun hieß es lange Zeit, dass salzreiche Nahrung, neben anderen möglichen Ursachen, zu Bluthochdruck führe. Neue Forschungen, zum Beispiel an der amerikanischen Oregon-Gesundheits-Universität, beweisen hingegen nicht, dass weniger Salz auch geringeren Blutdruck bedeutet. Im Gegenteil: Es gibt Studien, die sogar den Schluss zulassen, dass Salzsparer einem höheren Risiko ausgesetzt sind, an einer Herzkrankheit zu sterben. Deshalb lautet die neue Lehre, die freilich schon morgen wieder überholt sein kann: Ein gesunder Körper weiß selbst, wie viel Salz er braucht.

Nur, was heißt schon »gesunder Körper«? Was heißt überhaupt »Gesundheit«? Sind wir nicht alle mehr oder weniger krank? Und kann man den Salzkonsum isoliert betrachten? Außerdem sind Faustregeln immer problematisch, weil sie die individuelle Situation nicht berücksichtigen. Vor allem spielt das Alter auch in puncto Salzkonsum eine entscheidende Rolle, denn im Alter steigt durchschnittlich die Sensibilität für Kochsalz (Natrium).

Die Ursachen hierfür können ganz unterschiedlich sein, etwa hormonelle Störungen, ein verminderter Blutfluss in den Nieren, die dafür zuständig sind, überschüssiges Salz auszuscheiden, oder ein gestörter Kaliumhaushalt der Zellen. Kalium wie Calcium werden positive Effekte bei der Senkung des Blutdrucks zugeschrieben. Während aber der Salzgehalt in unserer Nahrung in den vergangenen Jahrzehnten stark zugenommen hat, ging der Kaliumgehalt zurück.

Womöglich ist dieser allgemeine Wandel im Natrium-Kalium-Gehalt der Nahrung ein entscheidender Faktor in der Bluthochdruckproblematik. Von allen Säugetieren kennt nur der Mensch Bluthochdruck, und das liegt vielleicht daran, dass nur er allein sein Nahrungsangebot drastisch verändert hat, während es bei den Tieren – die Haustiere ausgenommen – gleich geblieben ist. Der Standardrat bezüglich der Ernährung lautet meist so: Natürliche, vitamin- und mineralstoffreiche, aber fettarme Kost.

Neben dem Bluthochdruck wird immer wieder auch ein zu hoher Cholesterinwert als Risikofaktor genannt – und deshalb eine vegetarische Kost empfohlen. Dass Vegetarier von ihren günstigeren Blutfettwerten profitieren ist unbestritten. Denn durch den niedrigen Anteil tierischer Fette und gesättigter Fettsäuren in der Nahrung sinkt im Blut die Konzentration des ungünstigen LDL-Cholesterins, während die des schützenden HDL-Cholesterins steigt. Mit HDL-Cholesterin ist jenes Blutfett gemeint, dass an High-Density-Proteine, also solche mit hoher Dichte, gebunden ist. LDL-Cholesterin ist entsprechend an Low-Density-Proteine gebunden, solche mit niedriger Dichte.

Doch auch diese Sichtweise ist viel zu grob, denn neben den beiden Cholesterinarten spielen noch andere Substanzen im Blut eine wichtige Rolle bei Herzerkrankungen, etwa die Neutralfette (Triglyceride) oder die Fett-Tröpfchen (Chylomikronen).

Nun, wir wissen es längst und wundern uns auch gar nicht mehr: Wie das Salz, so sind auch die Blutfette allein nicht ausschlaggebend bei Herz-Kreislauf-Erkrankungen. Ausschlaggebend ist stets das Zusammenwirken zahlreicher, zum Teil noch kaum erforschter Faktoren. So viel kann man allerdings sagen: Kommen zum erhöhten LDL-Cholesterinwert zum Beispiel noch ein hoher Blutzuckerwert, ein hoher Blutdruck und starkes Rauchen hinzu, so ist das

Risiko einer koronaren Herzkrankheit über 20-mal höher als bei alleinig erhöhtem Cholesterin. Starkes Rauchen ist deshalb für Herz und Kreislauf so gefährlich, weil es eine Oxydation des Cholesterins im Blut bewirkt, wobei dieses besonders aggressiv wird.

Bei Abwägung aller in jüngster Zeit veröffentlichten Studien zur Rolle der Ernährung kommt man zu dem banalen Ergebnis, dass normal essen wohl das beste ist, und zwar nicht nur hinsichtlich der Prävention von Herz-Kreislauf-, sondern ebenso von Krebserkrankungen. Mit »normal« ist eine Diät gemeint – »Diät« heißt nichts anderes als maßvolle, gesunde Ernährungs- und Lebensweise –, die reich ist an komplexen Kohlehydraten (45 bis 55 Prozent), die weniger als 30 Prozent Fett enthält, davon mehr als die Hälfte ungesättigte Fettsäuren, mehr als 30 Gramm Ballaststoffe, weniger als 300 Milligramm Cholesterin und etwa 5 Gramm Salz pro Tag.

Das sind sehr präzise Zahlen, doch wie soll man sie in seiner täglichen Essenspraxis umsetzen? Denn die genannten Werte lassen sich den Nahrungsmitteln nicht ablesen – und wer hat schon Lust, mit Zahlentabellen im Kopf zu kochen. Da verkommt das genüssliche Essen sehr schnell zur öden Nahrungsaufnahme. Muss es aber nicht! Ein »mediterraner« Speiseplan mit viel Pasta, Fisch, Olivenöl, Gemüse und Obst kommt der idealen Diät sehr nahe – und schmeckt auch noch vorzüglich.

Der Kenner der mediterranen Küche hat es natürlich sofort bemerkt: Da fehlt doch etwas in unserer Aufzählung! Richtig. Es fehlt der Wein. Herz und Wein – diese uralte mythische Beziehung scheint auch medizinisch nicht ganz unwesentlich zu sein. Der Genuss von Wein in Maßen wird als gesundheitsförderlich eingestuft. Kein Jahr vergeht, ohne dass eine neue Forschungsstudie zu diesem Thema veröffentlicht wird und als Neuentdeckung durch die Zeitungen und Illustrierten geistert. Mal ist es nur der Rotwein, der gut für das Herz sein soll, dann ist es der Alkohol schlechthin, ein andermal heißt es, dass Abstinenzler durchschnittlich früher sterben als maßvolle Trinker. Wieso das so ist, weiß allerdings niemand so genau.

Lange Zeit galt allein der Rotwein – schließlich hat er die Farbe des Blutes – als »Herzmittel«. Die positive Wirkung wurde besonderen Molekülen zugesprochen, den so genannten Phenolen, die nur bei der rotweintypischen Art der Vergärung entstehen sollen. Kritiker gaben zu bedenken, dass die Ergebnisse solcher Studien vielleicht nur deshalb zustande kommen, weil Rotweintrinker meist den wohlhabenderen Gesellschaftsschichten angehören, die von Haus aus weniger gesundheitsschädlichen Risiken ausgesetzt sind. Dann gab es da noch die Studie eines Forscherteams an der Kölner Universitätsklinik von 1997, die zeigte, dass nicht jeder Rotwein gut fürs Herz ist; nur teurer, in Eichenfässern gereifter Rotwein könne Herzinfarkte verhindern oder lindern – womit das Argument mit den wohlhabenderen Gesellschaftsschichten auf andere Weise bestätigt wäre.

Eine im Jahre 1995 an der medizinischen Fakultät der Harvard-Universität (USA) durchgeführte Studie will den Beweis erbracht haben, dass Bier die gleichen positiven Auswirkungen auf das Herz habe wie Rotwein. Es sei der Alkohol schlechthin, der den Spiegel des »guten« HDL-Cholesterins im Blut hebe, das die Arterien von schädlichen Ablagerungen frei halte. In einer anderen amerikanischen Studie aus demselben Jahr hieß es, Alkohol bewirke den Anstieg eines Schlüsselenzyms im Blut, das Gerinnsel auflöse. Viele Ärzte bezweifeln die Richtigkeit solcher Schlussfolgerungen; sie führen die positive Wirkung von Alkohol einfach darauf zurück, dass Stress und Anspannung durch ihn reduziert werden. Das tägliche Glas Wein – so meinen sie – läute gewissermaßen den Feierabend ein und verhelfe zur verdienten Entspannung.

Englische und australische Wissenschaftler vom »Institute of Child Health« in London bestätigten dies 1998 mit einer neuen Studie. Sie untersuchten 9.605 Männer und Frauen im Alter von 33 Jahren auf ihre Gesundheit und ihre Trinkgewohnheiten. »Moderate« Trinker litten in diesem Alter wesentlich seltener an Herz- und anderen chronischen Krankheiten als starke Trinker, aber auch seltener als Abstinenzler. Was bei dieser Studie besonders stutzig macht: Als »moderat« galten 20 Gläser Wein oder 5,5 Liter Bier pro Woche bei Frauen und 35 Gläser Wein oder 10 Liter Bier bei Männern! Hier würde man als seriöser Arzt vermutlich doch von bedenklichen Mengen sprechen. Denn eine Flasche Wein pro Tag kann man beim besten Willen nicht mehr als moderat bezeichnen. Es scheint fast so, dass die Mediziner, die diese Studie durchführten, ihr eigenes tägliches Alkoholquantum zum Maßstab nahmen.

Als unbedenklich werden allgemein 1 Glas Wein pro Tag für Frauen und 1 bis 2 Gläser Wein pro Tag für Männer angesehen. Das behaupten zumindest anerkannte Alkoholismus-Forscher.

Mittlerweile gibt es zu diesem Thema fast so viele Studien wie Rotweinsorten, und zu jeder Studie mindestens eine, die das Gegenteil herausgefunden haben will. Den Grund für diesen Studienwirrwarr haben wir bereits genannt: Solche Untersuchungen sind allesamt monokausal angelegt und berücksichtigen kaum die komplexen Zusammenhänge von Herzerkrankungen in der modernen Gesellschaft.

Gesundheitsexperten warnen auch davor, dem Alkohol durch derartige Alkoholstudien den Rang eines Medikaments gegen Herzbeschwerden zu verleihen. Mag er auch das Herz stärken – doch andere Organe schwächt er nachweislich, vor allem die Leber. Außerdem gilt Alkohol als Risikofaktor bei manchen Krebsarten, insbesondere in Verbindung mit starkem Zigarettenkonsum.

Die Weltgesundheitsorganisation (WHO) hatte deshalb schon vor Jahren eine Aktion gestartet, die mit der Idee Schluss machen sollte, Alkohol sei gut fürs Herz. »Es gibt keine Grenzmarke, unter der Alkohol ohne Risiko konsumiert werden kann«, stellte die WHO fest. Die entsprechenden Studien wurden dennoch nicht weniger. Die mangelnde Seriosität mancher dieser Studien wird in folgendem Beispiel besonders deutlich: Eine Untersuchung hatte angeblich gezeigt, dass es in Frankreich weniger Herzerkrankungen gibt als in Deutschland. Grund: Die Franzosen trinken viel Rotwein. Die WHO konnte diese Schlussfolgerung widerlegen, indem sie nachwies, dass in Frankreich wesentlich mehr Menschen an Herzkrankheiten sterben, als es die offiziellen Statistiken ausweisen.

Der Studienwahn, der vor allem in den USA betrieben wird, nimmt zum Teil abstruse Formen an. So wollen Wissenschaftler der Universität von Kalifornien in Davis an Ratten herausgefunden haben, dass Schokolade gut sei fürs Rattenherz – und damit, so denken sie, auch fürs Menschenherz. Auch hier seien die Phenole, die im Kakao enthalten sind, dafür verantwortlich. Das Kakao-Phenol verhinderte in den Laborstudien die Oxidation des »schlechten« LDL-Cholesterins um 75 Prozent und war damit noch wirkungsvoller als das Rotwein-Phenol, welches bei gleicher Menge nur 65 Prozent der Oxidation vermied. Doch was soll man mit dieser Erkenntnis anfangen, wenn man gleichzeitig weiß, dass Schokolade auch viel ungesunden Zucker und viel Fett enthält und wegen seines hohen Kaloriengehalts Übergewicht fördert?

Auf den Alkohol- und Schokoladekonsum als gesundheitsfördernde Maßnahmen sollte man also besser nicht bauen. Es scheint nun mal nicht mehr als drei allgemein anerkannte Grundsäulen der Prävention zu geben: nicht rauchen, fettarme Ernährung und Bewegung. Zwar versteht sich die moderne Gesellschaft als mobile Gesellschaft, doch mit Mobilität ist vor allem die Automobilität gemeint. Ein Drittel der Deutschen treibt keinerlei Sport. Allerdings kann Sport auch mehr schaden als nützen, und zwar dann, wenn er nur die Fortsetzung eines stressreichen Berufsalltags ist. Täglich mit dem Rad zur Arbeit zu fahren ist gesünder, als einmal pro Woche mit dem Auto ins Fitnessstudio zu hetzen und sich dort bis zur Erschöpfung an irgendwelchen Trimmgeräten abzuarbeiten.

Der ganze Fitness- und »Body«-Kult ist ohnehin mehr Schein als Wirklichkeit. Denn in den vergangenen sieben Jahren ging die Zahl jener, die sich gelegentlich oder regelmäßig sportlich betätigen, von 45 auf 38 Prozent zurück. 20 Prozent der gesamten Gesundheitskosten werden heutzutage durch so genannte Bewegungsmangelkrankheiten verursacht.

Als vernünftige »Trainingsdosis« empfiehlt das amerikanische »Center of Disease Control and Prevention« jeweils 30 Minuten lang mäßige körperliche Aktivität an mindestens drei, am besten aber allen Tagen der Woche. Dazu zählt zügiges Gehen oder normales Radfahren. Vorteilhaft wäre schon, wenn man statt Aufzüge oder Rolltreppen normale Treppen benutzen würde. Das heißt: Man sollte in seinem Alltag Bewegung nicht vermeiden, sondern nach Bewegungsmöglichkeiten suchen. Allein damit ließen sich vermutlich rund zwei Drittel der Herz- und Kreislauf-Erkrankungen vermeiden. Ein Großteil kostspieliger Reparaturmedizin würde auf diese Weise überflüssig werden, zumindest theoretisch. Denn die Wirklichkeit sieht leider so aus, dass der Mensch das, was er als richtig erkannt hat, noch längst nicht tut.

Außerdem kommt etwas anderes hinzu: Gesundheit ist mehr als nur körperliche Fitness. Die geistige und nicht zuletzt auch die soziale »Fitness« müssen noch hinzutreten, um überhaupt von Gesundheit sprechen zu können. Auch psychische Faktoren können lebenserhaltend wirken, zum Beispiel eine grundsätzlich hohe Selbstachtung und die Zuversicht, sein Leben selbst gestalten zu können, die Fähigkeit, soziale Kontakte zu knüpfen und dauerhafte Beziehungen zu gestalten, sowie die Suche nach den Sinnzusammenhängen des Lebens. Für all das ist die Fähigkeit zum Müßiggang genauso wichtig wie selbstbestimmte kreative Tätigkeit. Dann kann auch das Nichtstun befriedigend sein und zum inneren Gleichgewicht beitragen.

SECHSTES KAPITEL

Wenn die Medizin an ihre Grenzen stößt

Das Herz und der Tod

Wer beim Lesen des vorangegangenen Kapitels den Eindruck gewonnen hat, dass die gesamte Diskussion um die Prävention von Herzkrankheiten reichlich unübersichtlich, widersprüchlich, ja irgendwie unseriös ist, liegt mit seinem Eindruck ganz richtig. Wohl in keinem anderen Bereich der modernen Medizin geht es theoretisch – und auch praktisch – derart drunter und drüber. Die allgemeine Verwirrung, die Fülle der Ungewissheiten, das Theoriedurcheinander, die Studienflut, das hektische Ausprobieren hat selbst den Charakter einer chronischen Krankheit. Fast möchte man meinen, es trage das Herz als dynamisches, rhythmisches Organ einen gut Teil seines unruhigen Wesens in die Herzmedizin hinein. Jede Gruppe forscht in isolierten Teilbereichen und ist vollauf damit beschäftigt, in seinem Spezialgebiet den Überblick nicht zu verlieren. Damit aber geht der Blick für das Ganze verloren.

Hinter den meisten Infarkten und anderen Herz-Kreislauf-Erkrankungen steckt nicht die eine große Ursache, sondern ein Bündel zahlloser Risikofaktoren, aus denen ein individuelles Gesamtbild erstellt werden muss. Viele Ärzte vergessen – oder haben nie gelernt –, dass sie keine allgemeinen Symptome behandeln sollen, sondern einmalige *Menschen*. Es stimmt zwar, dass grundlegende Vorbeugemaßnahmen wie Zigarettenentwöhnung, Gewichtsabnahme und Bewegung das Infarktrisiko herabsetzen, dennoch ist etwa die Hälfte aller Infarkte durch die bekannten Risikofaktoren überhaupt nicht zu erklären. Für diese Fälle kennt man inzwischen eine Liste von über 200 Faktoren, die irgendwie eine Rolle beim Erkranken spielen. Und genau hier liegt ein zentrales Problem der ärztlichen Arbeit: Die Komplexität der Ursachen überfordert die Ärzte. Selbst wenn sie auf dem aktuellen Stand der Forschung sind – und das gilt höchstens für ein Drittel der Kardiologen –, so ist es für sie schwierig, dieses Wissen in der Praxis auch umzusetzen. Sie durchschauen die Zusammenhänge nicht.

Immer mehr Kardiologen, vor allem aber Psychotherapeuten, fordern deshalb eine eigene Disziplin innerhalb der Medizin, die sich speziell mit der psychosozialen Problematik von Herzkranken befasst. Sie fordern eine »Psychokardiologie« als neue medizinische Wissenschaft. Im Dezember 1998 fand die Gründungsversammlung der »Statuskonferenz Psychokardiologie« statt. Hierzu hatten vor allem die Frankfurter Psychologen Jochen Jordan und Benjamin Bardé zusammen mit dem Kardiologieprofessor Andreas Zeiher die nötigen Vorarbeiten geleistet, in enger Verbindung mit der Arbeitsgruppe »Psychosomatische Kardiologie« vom »Deutschen Kollegium für Psychosomatische Medizin«.

Die Ziele der Psychokardiologie sind hochgesteckt: Es geht um die intensive Erforschung konkreter Einzelfälle von herzkranken Menschen. Man könnte diesem Bemühen als Motto folgendes Paradoxon Goethes voranstellen: »Was ist das Allgemeine? ... Der einzelne Fall ... Was ist das Besondere? ... Millionen Fälle.«

Was wie eine Binsenweisheit klingt, ist womöglich der Schlüssel zu wirklichem Heilen, den die Schulmedizin noch immer nicht in Händen hält. Im Grunde weiß jeder Arzt, der seine Arbeit nicht nur mechanisch verrichtet, dass kein Krankheitsfall dem anderen gleicht, weil eben kein Mensch wie der andere ist. Nur, die Schulmedizin handelt nicht nach dieser einfachen Erkenntnis; sie sieht nicht das konkrete einmalige Schicksal, sondern nur mehr oder weniger austauschbare Fälle. Diese werden weitgehend schematisch behandelt nach verallgemeinernden Therapiemodellen, die auf das Besondere, auf die Individualität des Patienten keine Rücksicht nehmen.

Von zentraler Bedeutung in der Psychokardiologie ist die Erkenntnis, dass die klassischen Risikofaktoren für Herzerkrankungen, also Übergewicht, Tabakkonsum, Bewegungsarmut, Stress etc., nicht nur reine Ursachen des Erkrankens sind, sondern ihrerseits »psychologische« oder »psychodynamische« Hintergründe haben. Und diese müssen in der Forschung und medizinischen Praxis berücksichtigt werden.

So weiß man zum Beispiel aus neueren Untersuchungen, dass das Symptom »Bluthochdruck« nur einen Bewältigungsversuch darstellt, mit dem ein Mensch auf Tieferliegendes, etwa psychische Kränkung, Angst oder Depressivität, reagiert. Bluthochdruck verlangt also nicht nur nach einem Medikament, das den Blutdruck senkt, sondern nach Ergründung der Psychodynamik des jeweiligen Einzelfalls.

Letztlich wäre das ganze Leben eines Herzkranken zu ergründen. Doch schon das Herausarbeiten von Grundstrukturen einer Persönlichkeit erfordert sehr viel Zeit, weshalb sich einem sofort die Frage stellt, woher ein Arzt diese Zeit nehmen soll. Zudem stellt sich die Frage nach den Kosten einer derart individualisierten, zeitaufwendigen Therapie. Vor allem würde ein Arzt zusätzlich immense Zeit benötigen, um sich in dieses an sich uferlose Forschungsgebiet mit seinen äußerst schwierigen methodischen Fragestellungen einzuarbeiten. Jeder Kardiologe dürfte damit von vornherein überfordert sein.

»Daraus folgerten wir«, meint Jochen Jordan, »dass es an uns liegt, das vorhandene Wissen zu systematisieren und zu bewerten, um dann mit unseren kardiologischen Kollegen in einen Dialog eintreten zu können.« In Zukunft, so meinen Jordan und Bardé, seien nicht mehr die teuren Langzeitstudien mit Tausenden von Menschen relevant, sondern viel wichtiger sei die Erforschung einzelner Subgruppen und konkreter Einzelfälle, um herauszufinden, welche psychosozialen Konflikte den bekannten Risikofaktoren zugrunde liegen.

Dieser neue Forschungsansatz in der Psychosomatik der Herzerkrankungen ist gewiss begrüßenswert, doch wird auch er vermutlich nichts daran ändern können, dass das Leben des Menschen in der modernen Leistungsgesellschaft *der* Risikofaktor schlechthin ist. Denn die Gesellschaft mit ihren ökonomischen, sozialen, kulturellen und psychischen Strömungen, der »Zeitgeist« also, lässt sich nicht wegtherapieren. Der so genannte Psychostress, den viele Herzkranke empfinden, ist im Wesentlichen Stress an unserer Zeit. Und diese Zeit zeichnet sich unter anderem dadurch aus, dass der Mensch keine Zeit für sich und seine engsten Vertrauten findet. Man hat mobil, dynamisch und flexibel zu sein, um sich in dem Gezappel, das man Leben nennt, behaupten zu können.

Der Mangel an Zeit zerstört soziale Bindungen, löst Geborgenheit und Vertrauen auf, schwächt den »sozioemotionalen Rückhalt«, wie es im Psychologendeutsch heißt. Man könnte auch sagen: Es gehen Achtung, Rücksicht, Hilfsbereitschaft zwischen den Menschen in der allgemeinen Rastlosigkeit unter.

Bis die Psychokardiologie sich als Erfahrungswissenschaft etablieren kann, werden noch viele isolierte, das heißt monokausale Risikofaktoren für das Erkranken des Herzens gefunden werden. Jüngstes Beispiel auf dem Gebiet der Herzmedizin ist die im Frühjahr 1997 als Sensation verkaufte Meldung, dass nicht Rauchen, Ernährung oder Bluthochdruck die Hauptrisiken für Herzinfarkte und Schlaganfälle seien, sondern ein Bakterium mit Namen Chlamydia pneumoniae. Finnische Forscher hatten herausgefunden, dass diese Chlamydien die Cholesterinablagerungen an den Gefäßwänden aufbauen und wie sie das tun. Die Chlamydien nisten sich gleichsam als Parasiten in weiße Blutkörperchen ein, ebenso in Muskelzellen und in die Innenauskleidung der Blutgefäßwände. Als Reaktion darauf senden die befallenen Zellen hochwirksame Akut-Hormone aus. Diese Alarmzeichen bewirken unter anderem eine Veränderung des Blutfettspiegels: Die Werte für das im vorangegangenen Kapitel erwähnte »schlechte« LDL-Cholesterin steigen, jene für das »gute« HDL-Cholesterin fallen.

Dieses durchaus wichtige Forschungsergebnis wurde nun in den Medien so hingestellt, als wäre damit das Problem Herzinfarkt für alle Zeiten aus der Welt geschafft und als landeten damit alle bislang gesammelten Erkenntnisse, voran jene der Psychosomatik, auf dem Müllhaufen der Medizingeschichte. Denn wenn Bakterien die monokausale Ursache für Herzinfarkt sind, dann bräuchte man sie ja nur durch eine geeignete Antibiotika-Therapie zu vernichten.

Da war er wieder – der uralte deterministische Glaube, dass eine Wirkung stets nur *eine* Ursache haben könne. Natürlich wurden sofort nach der Entdeckung der Chlamydien entsprechende Studien mit Antibiotikabehandlungen bei Herzinfarktpatienten durchgeführt. Auf den »Chlamydien-Zug« sind gleich Dutzende von Forscherteams aufgesprungen; allein in den vergangenen zwei Jahren wurden hierzu mehr als 20 Studien durchgeführt. Obwohl die Resultate dieser Studien zu der These passen, dass Chlamydien ein Risikofaktor für Herzinfarkt sind, müssen die Daten dennoch mit Vorsicht interpretiert werden. Zu viele Fragen bleiben offen, um einen breiten Einsatz von Antibiotika gegen Herzinfarkt befürworten zu können.

Die Unsicherheiten basieren unter anderem darauf, dass nicht bei allen Formen von Arteriosklerose Bakterien beteiligt sind. Zudem lassen sich Chlamydien nur schwer nachweisen. Deshalb herrscht im Moment alles andere als Klarheit über die Rolle der Chlamydien bei Herzerkrankungen. Und inzwischen stehen sie im Verdacht, auch für schwere Formen von Bluthochdruck mitverantwortlich zu sein. Trotz der zahlreichen Wissenslücken scheint eine Mitschuld der Bakterien als sicher zu gelten – aber eben nur eine Mitschuld; sie sind wieder nur ein weiterer Risikofaktor unter vielen.

Die unklare Situation in der Ursachenforschung führt notgedrungen zu Unsicherheiten in der Therapie und in der Prävention. Was den Infarkt betrifft, so sieht sich die Medizin natürlich gezwungen, auch in unsicherer Wissenslage etwas zu tun, denn schließlich geht es um Leben oder Tod der Patienten. Inzwischen ist nicht einmal gesichert, dass der Infarkt hauptsächlich die Folge verengter oder verschlossener Herzkranzgefäße ist. Neuere Theorien besagen, dass etwa zwei Drittel aller Herzinfarkte andere Ursachen haben. Es gibt nämlich Menschen mit einem vollständig blockierten Herzkranzgefäß, die ohne Beschwerden weiterleben, weil sich das Blut von selbst einen anderen Weg zum Herzen gesucht hat. Das Herz ist eben mehr als nur eine Pumpe, und die Gefäße sind mehr als nur ein Rohrleitungssystem.

Leider wollen viele Kardiologen das noch immer nicht wahrhaben; sie arbeiten weiter wie Klempner an verstopften Wasserleitungen und Abflussrohren. Unklug ist das freilich nicht, denn damit lässt sich sehr viel Geld verdienen. Ob die »Rohrsanierungstherapie« immer im Sinne des Patienten ist, steht auf einem anderen Blatt. So einleuchtend das Bild von den verstopften Rohrgefäßen für den Laien auch sein mag – in Fachkreisen weiß man längst, dass es so einfach nicht ist. Viele Herzspezialisten aber machen es sich so einfach, wie der Laie denkt, dass es ist.

Fest steht, dass die Hälfte aller Herzpatienten falsch behandelt wird, weil die Ärzte an überholten Vorstellungen, beispielsweise über das Cholesterin, festhalten. Gerade die Bedeutung des Cholesterins hat sich in jüngster Zeit jedoch stark relativiert. Der Fettspiegel allein sagt nichts über das individuelle »Herz-Schicksal« eines Menschen aus. Dennoch bekommen in Deutschland mit sturem Automatismus etwa eine Million Menschen pro Jahr so genannte Lipidsenker, also das Blutfett senkende Mittel, verschrieben, was die Krankenkassen jährlich etwa eine Milliarde Mark kostet. Hier wird seit Jahren an der falschen Front gekämpft. Man dachte, damit ließen sich die Engstellen in den Gefäßen erweitern und somit wäre das Infarktrisiko zu schmälern. Heute weiß man, dass Lipidsenker bestehende Engpässe kaum verändern.

Bei ihrer Fixierung auf die Engpässe (Stenosen) in den Herzkranzgefäßen hatten die Ärzte übersehen, dass weit gefährlicher als die über Jahre und Jahrzehnte gewachsenen fett- und kalkhaltigen Ablagerungen kleine, mit Fettmolekülen gefüllte »Seen« sind, die sich an den Gefäßwänden bilden können.

Diese Ablagerungen sind äußerst instabil, da sie vom vorbeifließenden Blut nur durch eine dünne Bindegewebeschicht getrennt sind. Diese zarte Hülle ist einer ständigen Spannung ausgesetzt und kann mit der Zeit porös werden.

Wenn sie reißt, fließt der Lipid-See in das Blutgefäß und kann es verschließen. Solange die Fettseen abgekapselt bleiben, verursachen sie keine Beschwerden.

Noch weiß man nicht genau, weshalb die zarten Kapseln porös werden. Die Anwesenheit von Immunzellen (Makrophagen) an den rissig gewordenen Deckplatten spricht allerdings dafür, dass Entzündungen dafür verantwortlich sind. Der Entzündungsreiz könnte die Makrophagen anlocken, die dann versuchen, die Verursacher der Entzündung, nämlich Bakterien, zu bekämpfen. Bei diesem Kampf der Immunzellen wird auch jenes dünne Häutchen in Mitleidenschaft gezogen, das die Fettseen vom vorbeifließenden Blut trennt. Könnte man diese Entzündungsherde eindämmen beziehungsweise verhindern, dass sie überhaupt entstehen, dann wäre vielleicht ein weiterer wichtiger Schritt in der Prophylaxe von Herzinfarkten getan.

Die winzigen Lipid-Seen an den Gefäßwänden lassen sich mit der herkömmlichen Röntgenuntersuchung nicht erkennen; dazu bedarf es eines speziellen Ultraschall-Katheters oder einer so genannten Magnetresonanz-Tomographie.

Doch die neue Theorie von den Lipid-Seen will sich bei der breiten Ärzteschaft wegen ihrer Fixierung auf die alte Verengungs-Theorie nicht so recht durchsetzen. So werden weiterhin im großen Maßstab so genannte Ballon-Dilatationen an Patienten durchgeführt, bei denen man solche harten Verengungen im koronaren Gefäßsystem gefunden hat. In die verengte Arterie wird dabei ein feiner Kunststoffschlauch geschoben, der sich mit Hilfe einer Flüssigkeit ballonartig aufblähen lässt. Dadurch lässt sich die verengte Stelle im Gefäß mit Gewalt dehnen.

Bei fast jeder fünften Ballon-Dilatation wird anschließend noch eine winzige Gefäßprothese aus beschichtetem Edelstahl, ein so genannter Stent, eingesetzt. Er soll verhindern, dass sich das gewaltsam geweitete Gefäß erneut verengt. Solche Restenosen treten bei 30 bis 50 Prozent der Patienten auf, an denen eine Ballon-Dilatation vorgenommen wurde. Der Grund für die erneute Verengung sind Wucherungen, die durch die Verletzung der Arterienwände bei der Dilatation entstanden sind. Oft ist der neue Engpass noch schwerwiegender als der beseitigte. Manchmal müssen Patienten zwei, drei oder noch mehr solcher Dilatationen über sich ergehen lassen, ehe die Stents zum Einsatz kommen.

Durch diese groben mechanischen Eingriffe werden eventuell vorhandene Lipid-Seen, von denen die »Rohrputzer-Ärzte« nichts wissen oder nichts wissen wollen, erst richtig gefährlich: Durch den Ballonkatheter oder den Stent kann das dünne Deckhäutchen über einem Lipid-See zerrissen werden und sich so ein lebensgefährliches Gerinnsel in die Arterie ergießen.

Seit dieser riskante Eingriff Ende der siebziger Jahre in Zürich zum ersten Mal an Menschen gewagt wurde, hat er sich mit atemberaubendem Tempo weltweit durchgesetzt. So wurden schon 1984 in der Bundesrepublik 2.800 Dilatationen vorgenommen. 1992 waren es schon über 56.000, und 1996 stieg die Zahl auf fast 120.000. Die Tendenz ist weiterhin steigend. Ballon-Dilatationen gehören damit zu den häufigsten medizinischen Eingriffen überhaupt. Die Kosten für diese Eingriffe liegen bei rund 720 Millionen Mark pro Jahr. Dabei haben die Krankenkassen für mehr als 24.000 nicht notwendige Eingriffe mehr als 140 Millionen Mark zahlen müssen.

Drei Gründe scheinen für den Siegeszug dieser Therapie verantwortlich zu sein: Mit ihr lässt sich sehr viel Geld verdienen, sie stellt einen typischen Fall ärztlicher Selbstbedienung dar, und sie macht den Medizinern Spaß. »Ballon-Dilatationen«, so meinte der Schweizer Internist Pascal Nicod, »sind für viele Ärzte so aufregend wie ein Videospiel.« Viele Kardiologen erliegen einfach der Faszination ihres Handwerks, um nicht zu sagen: ihres Spielzeugs. Denn immerhin geht es dabei darum, einen winzigen Katheter von der Leistengegend ins fein verästelte Netz der Herzarterien einzuführen, deren Windungen genau vorauszuberechnen sind, und der ganze Vorgang kann auf einem Monitor mitverfolgt werden.

Mit diesem Verfahren wird, so ist zu vermuten, massiver Missbrauch getrieben, und zwar aus reinem Profitstreben. Denn die Gewinnspanne pro Eingriff liegt immerhin bei mehreren tausend Mark. Da ist die Versuchung des Missbrauchs groß. Überhaupt scheint die unklare und verwirrende Forschungslage gerade bei der Herztherapie dem Missbrauch und der Pfuscherei Vorschub zu leisten.

Wirklich angezeigt ist das gefährliche Verfahren einer mechanischen Gefäßerweiterung allein bei Fällen von schwerer Angina pectoris, wenn Medikamente keinerlei Besserung bringen. Die krampfartigen, durch zu geringe Sauerstoffversorgung des Herzmuskelgewebes ausgelösten Schmerzanfälle können durch Ballon-Dilatation in der Tat gelindert werden. Auch bei einigen akuten Herzinfarkten ist diese Methode zu rechtfertigen. Zur *Vorbeugung* von Herzinfarkten ist sie jedoch absolut ungeeignet. Dennoch wird fast jede zehnte Ballon-Dilatation als Vorbeugungsmaßnahme gegen Herzinfarkt angewandt, obwohl bislang kein wissenschaftlicher Beleg dafür vorliegt, dass auf diesem Weg Infarkte verhindert werden können.

Nach Beobachtungen der »Arbeitsgemeinschaft Leitender Krankenhauskardiologen« (ALKK) fehlt bei jedem fünften Kathetereingriff eine »zweifelsfreie« medizinische Begründung. 1996 haben mindestens 700 Patienten eine zweifelhafte Ballon-Dilatation mit einem schweren Herzinfarkt, mit einer Notfall-Bypassoperation oder sogar mit dem Leben bezahlen müssen. Dabei weisen Experten seit vielen Jahren darauf hin, dass eine stabile Verengung sogar als Indiz dafür gilt, dass an dieser Stelle wahrscheinlich kein Infarkt zu erwarten ist.

Doch weil das Herz ein komplexes Ding ist, spielen beim Infarkt neben den erwähnten Faktoren auch die Blutplättchen eine Rolle, die so genannten Thrombozyten, die für die Blutgerinnung verantwortlich sind. Von Bedeutung ist auch das Mengenverhältnis der Gerinnungsproteine, von denen es im Blut mehrere Dutzend Arten gibt. Tatsächlich weisen Infarktpatienten fast immer erhöhte Mengen dieser Eiweiße in ihrem Blut auf. Das bestätigt den Verdacht, dass das Blutgerinnungssystem, welches Verletzungen abkapseln und die Heilung einleiten soll, zu Entgleisungen neigt, wenn zu viele Gerinnungsproteine vorhanden sind. Während im Normalfall ein Riss in der Gefäßinnenwand nur durch ein flaches Zell- und Proteinpflaster versiegelt wird, lagert sich bei vielen Infarktopfern ein regelrechter Klumpen ab.

Viel zu wenig weiß man vorerst auch noch über jene Zellen, die die Gefäßinnenwände auskleiden. Diese Endothel-Zellen sind mehr als nur schlichte »Wandkacheln«, wie man bislang meinte; vielmehr senden diese Zellen Signalstoffe an die angrenzende Muskelschicht der Arterie, um auf diese Weise den Durchmesser des Gefäßes an die aktuellen Bedürfnisse anzupassen. Die Endothel-Zellen sind es auch, die aus dem Blutstrom die Blutfette herausfischen. Sicher scheint auch, dass die Endothel-Zellen bei Gesunden dafür sorgen, dass bei Sauerstoffmangel die Muskulatur der Arterien erschlafft. Dadurch dehnt sich das Gefäß aus, und es kann mehr Blut hindurchströmen.

Als wichtigster Signalstoff, das haben neuere Forschungen ergeben, fungiert ein winziges, kurzlebiges Molekül: Stickstoffmonoxid (NO), das im Endothel der Blutgefäße gebildet wird. Dass NO eine entspannende Wirkung auf die Gefäße hat, weiß man schon lange. So ist das NO der eigentliche Wirkstoff des Nitroglyzerins, das seit rund hundert Jahren bei Angina pectoris Erleichterung verschafft. Dass NO von den Endothel-Zellen der Gefäße selbst gebildet wird, weiß man hingegen erst seit etwa zehn Jahren.

Das NO-Molekül mit seinen zwei Atomen ist so klein, dass es spielend durch Zellwände dringen kann. Es benötigt dazu nicht, wie andere Botenstoffe, spezielle Erkennungsmoleküle, um von den Zellen eingelassen zu werden. Vielmehr wirkt NO direkt auf Enzyme im Zellinneren – sie sind gewissermaßen seine Ansprechpartner. Erzeugt wird das NO durch ein eigenes Enzym in der Endothel-Zelle, die so genannte NO-Synthase. Auch die Makrophagen, also Fresszellen, bekämpfen die Bakterien an den Entzündungsstellen der Gefäße mit Stickstoffmonoxid, das heute als eines der wichtigsten Moleküle im Organismus gilt. Bei unzähligen organischen Prozessen scheint es der entscheidende Übermittler und Feinmodulator zu sein, der mit vielen anderen Stoffen in Wechselwirkung steht.

Als praktizierender Arzt steckt man in dem Dilemma, diese zahlreichen verwirrenden und zum Teil auch widersprüchlichen und ohnehin noch wenig erforschten Theorien über Infarktursachen in wirkungsvolle lebenserhaltende Therapien umsetzen zu müssen. Viele Ärzte »lösen« das Problem dadurch, dass sie, trotz neuer Forschungsergebnisse, beim Althergebrachten bleiben. Dabei gibt es für viele der gängigen Therapien überhaupt keine wissenschaftlichen Studien, die den Nutzen der angewandten Methoden beweisen würden.

Unter den unzähligen Studien, die in den vergangenen Jahren zur Genese von Herzerkrankungen angestellt wurden, soll hier noch eine erwähnt werden, weil sie in ihrem Ergebnis höchst ungewöhnlich ist: Im Jahre 1996 veröffentlichte Morris Brown von der Universität Cambridge die Ergebnisse einer zweijährigen Studie an 2.000 Patienten, denen die Arteriosklerose ihrer Herzkranzgefäße bereits ernste Beschwerden bereitete. Ungefähr die Hälfte der Probanden nahm während der zwei Jahre täglich 270 beziehungsweise 540 Milligramm des Vitamin-E-Bestandteils Alpha-Tocophorol ein. Bei dieser Gruppe sank die Gesamtzahl der tödlichen Herzinfarkte im Vergleich zur anderen Gruppe, die nur ein Scheinmedikament (Placebo) einnahm, um etwa die Hälfte, die der nichttödlichen Infarkte sogar um 75 Prozent.

Daraus lasse sich, so meint Morris Brown, begründet ableiten, »dass Vitamin E vor Herzinfarkt schützt«. Er jedenfalls werde von jetzt an »Patienten mit Angina pectoris und erhöhtem Herzinfarktrisiko empfehlen, Vitamin-E-Präparate einzunehmen«. Nicht ganz geklärt ist allerdings, wie das Vitamin E, das vor allem in Gemüse und in Pflanzenölen enthalten ist, wirkt. Es scheint wohl auf mehr als nur eine Weise von heilsamer Wirkung zu sein. Amerikanische Forscher weisen auf Grund von Experimenten darauf hin, dass dieses Vitamin, dem einige Forscher auch eine gewisse Schutzfunktion gegenüber Krebs, Alzheimerscher Krankheit, Grauem Star und Arthrose attestieren, das Verhalten der Immunzellen (Makrophagen) günstig beeinflussen kann.

Diese Makrophagen sind, wie wir weiter oben schon sahen, einerseits Bakterienbekämpfer, andererseits aber auch so etwas wie die treibende Kraft im Prozess der Arterienverkalkung. Statt die durch Sauerstoff und Stoffwechselprodukte oxidierten Fett- und Cholesterinpartikel an den Gefäßwänden zu zerstören, verursachen sie dort Entzündungen an den Ablagerungsstellen. Hierzu gehört, dass die Immunzellen neben einigen Enzymen und Entzündungshormonen – etwa Interleukin 1 – auch regelrechte Wolken von Sauerstoffradikalen freisetzen, also Atome, die wegen ihrer elektrischen Ladung sehr reaktionsfreudig sind. Sie fungieren eigentlich als Waffe gegen Bakterieninfektionen. Gegenüber Fettmolekülen allerdings beschleunigen sie deren Oxidation und locken damit nur weitere Makrophagen an.

Die Idee, dass Vitamin E in diesen Prozess hemmend eingreifen könnte, beruht auf seinen »antioxidativen« Eigenschaften. Das Vitamin E kann Sauerstoffradikale abfangen und damit die Fettoxidation vermindern. Auch Pflanzen, die dieses Vitamin produzieren, nutzen dessen Schutzeffekt, indem sie es in den Samen ablagern, um diese haltbarer zu machen. Denn Öle und Fette, die oxidieren, werden ranzig.

Das Vitamin E senkt also die Angriffslust der Immunzellen, und dennoch hat es als Herzmedikament einen großen Mangel: Es lassen sich mit ihm keine Gewinne in der Herztherapie erzielen. Das mag am Ende der entscheidende Grund dafür sein, wieso es sich auf dem Therapie-Markt trotz überzeugender Ergebnisse in den einschlägigen Studien noch immer nicht durchgesetzt hat. Katheter und Bypass bringen einfach mehr Geld in die Ärztekassen als ein simples Vitaminpräparat. Das Argument mancher Ärzte, die Wirkungsweise des Vitamins sei noch nicht genügend erprobt, ist wenig überzeugend, denn das gilt zwangsläufig für fast alle Therapien in der Herzmedizin, da es hier keine einfachen Ursache-Wirkungs-Zusammenhänge gibt.

Alles in allem lässt sich feststellen: Das Herz und seine Krankheiten sind der medizinischen Forschung noch in vielem ein Rätsel. Die einzelnen Therapien vermitteln den Eindruck von Stückwerk. Zu viele Unwägbarkeiten sind noch im Spiel, weshalb es oftmals zum tödlichen Spiel wird. Gerade bei Herzkrankheiten ist die Rate der »Kunstfehler« relativ hoch, was, wie wir gesehen haben, mit der Komplexität des Organs und seiner zentralen Rolle innerhalb des Organismus zu tun hat.

Bei Neugeborenen, die mit einem gravierenden Herzfehler zur Welt kommen – und das gilt für etwa jedes hundertste Neugeborene –, ist eine Operation meist die einzige Möglichkeit, um sie am Leben zu halten. Bei angeborenen Herzfehlern handelt es sich zumeist um Löcher in der Herzscheidewand oder um gestörte Herzklappenfunktionen. Zu den besonders schwerwiegenden angeborenen Fehlbildungen zählt das so genannte hypoplastische Linksherzsyndrom, bei dem das Herz nicht vollständig entwickelt ist. Das Herz des Neugeborenen hat nur eine Kammer. Das bedeutet, dass die von der linken Kammer zum Körper führende Schlagader keine Pumphilfe durch das Herz erfährt. Zudem fehlen wichtige Blutgefäße oder vorhandene sind zu eng, um genügend Blut zu den Organen leiten zu können. Ohne Operation müssten die kleinen Patienten schon wenige Tage nach der Geburt sterben.

Doch die Operation an dem nur walnussgroßen Babyherzen, die so genannte Norwood-Operation, ist höchst kompliziert. Zudem ist sie keine Operation, die eine Heilung des kranken Herzens bedeutet. Sie lindert nur die Beschwerden des Patienten. Auch nach der Operation wird der Säugling kein intaktes Herz haben, und seine Lebenserwartung bleibt auch bei erfolgreichem Eingriff ungewiss. Mit der Zeit lässt die Pumpleistung der einzigen Kammer nach, denn die muskelschwächere rechte Herzkammer ist von Natur aus nicht dafür vorgesehen, den gesamten Körper mit Blut zu versorgen; sie soll das verbrauchte Blut lediglich zur Lunge pumpen. Die langen Operationsnähte rufen gelegentlich Rhythmusstörungen hervor, die noch Jahre nach den Eingriffen zum Tod führen können. Diese schwere Herzkrankheit ist auch nach erfolgreicher Operation weiterhin mit großen körperlichen und seelischen Belastungen für das Kind verbunden. Durch spezielle Trainingsprogramme wird versucht, das Leben nicht nur zu verlängern, sondern für das Kind auch lebenswert zu machen. Denn für die seelische Entwicklung eines Kindes ist es unabdingbar, spielend, tobend, rennend bis an seine Grenzen gehen zu können.

Die Statistik besagt, dass fünf Jahre nach solch einer Operation noch etwa die Hälfte der Patienten am Leben ist. Die Eltern, die das letzte Wort haben, stehen hier vor einer schwierigen Entscheidung: Da ist zum einen der Schock der unerwarteten Situation, dann der Zeitdruck, der kein langes, abwägendes Überlegen erlaubt, und zum andern die Ungewissheit über den Erfolg der Operation und die Folgen. Denn mit einem einzigen Eingriff ist es nicht getan. Weitere Operationen würden folgen, damit das fehlgebildete Herz dem zunehmenden Pumpvolumen gewachsen bleibt. Etliche der nach Norwood operierten Kinder benötigen in späteren Jahren ein Spenderherz, um weiterleben zu können. Für Kinder gibt es jedoch nur sehr wenige Spenderorgane. Das alles macht die Entscheidung für die Eltern sehr schwer, denn ihnen stellen sich grundlegende moralisch-ethische Fragen.

Wie bei allen Organen, so gibt es auch beim Herzen einen Punkt, an dem die Schädigung des Organs so weit fortgeschritten ist, dass eine Gesundung nicht mehr möglich ist. In diesem Fall, also etwa bei massiver Herzmuskelschwäche, die einen Zusammenbruch des gesamten Organsystems hervorrufen kann, bleibt als einzige lebensrettende Maßnahme (neben dem Anschluss des Patienten an eine Herzmaschine) die Herztransplantation, also der Austausch des Herzens durch das eines Spenders. Da dieser Herzaustausch davon abhängig ist, ob ein Spenderherz zur Verfügung steht, muss jedoch in vielen Fällen die Wartezeit durch den Einsatz eines Kunstherzens überbrückt werden, damit der Patient am Leben bleibt.

Längst ist das Kunstherz ein fester Bestandteil der lebensrettenden Herzchirurgie geworden. Vor allem Patienten mit akuter oder chronischer Herzmuskelschwäche sind auf ein Kunstherz angewiesen. Zwei Systeme stehen dabei zur Verfügung. Da ist zum einen das so genannte »Berlin Heart«, ein außerhalb des Körpers befindliches Gerät, das den geschwächten Herzmuskel in seiner Pumpfunktion unterstützen soll. Das andere System mit Namen »Novacor« stellt eine elektromagnetische Pumpe dar, die neben das Herz in die Bauchhöhle eingepflanzt wird und gleichsam als »dritte Herzkammer« parallel zum kranken Herzen geschaltet ist. Es unterstützt die Pumpfunktion des Herzens oder übernimmt sie im Notfall ganz. Antrieb und Steuerung erfolgen durch eine mechanische Einheit, die in einer kleinen Umhängetasche getragen wird und durch ein dünnes Kabel mit dem eingepflanzten Kunstherzen verbunden ist.

Ein Kunstherz ist nicht unproblematisch. Ein Hauptproblem ist die Bildung von Blutgerinnseln auf den Kunststoffoberflächen der Pumpe, vor allem an den Ventilen und an den Wänden der Blutschläuche. Zwar verfügen Kunstherzen über ein eigenes Überwachungssystem der Blutgerinnung, doch ist damit das Risiko einer Thrombenbildung und damit eines Schlaganfalls nicht vollends ausgeschlossen. Die Thromben fließen vor allem ins Gehirn, weil dorthin die erste Arterie von der Hauptschlagader abzweigt. Hingegen verläuft das Einpflanzen eines »Novacor«-Kunstherzens inzwischen weitgehend problemlos, wenn man davon absieht, dass die lebensbedrohliche Erkrankung des Patienten das ärztliche Problem schlechthin ist.

In seltenen Fällen kommt es nach dem Einsatz eines Kunstherzens sogar zu einer vollständigen Genesung des geschwächten Herzmuskels. So konnte im Jahre 1995 in Berlin ein Patient, der 160 Tage mit einem Kunstherzen lebte, als gesund entlassen werden. Dieser positive Verlauf bestätigt theoretische Überlegungen, wonach bei bestimmten Formen von Herzmuskelerkrankungen durch eine über einen längeren Zeitraum stattfindende Entlastung des Herzens eine weitgehende oder sogar vollständige Erholung des Organs eintreten könne.

Wie schon gesagt: Das Kunstherz kann nur eine Zwischenlösung sein. Ziel der Ärzte ist es, ein unheilbar krankes Herz gegen ein gesundes auszutauschen. Das klingt einfach, bedeutet aber in der Tat gleich mehrere schwerwiegende Probleme medizinischer, aber mehr noch: ethischer Art. Die Herztransplantation als medizinischer Eingriff, so schwerwiegend er auch ist, stellt inzwischen kein Problem mehr dar; er ist für einen Herzspezialisten, der auf diesem Gebiet tätig ist, mehr oder weniger Routine. Lange Zeit blieb die Abstoßreaktion des Körpers, dem das fremde Organ eingepflanzt wird, nicht beherrschbar. Die Patienten mit fremdem Herzen starben meist sehr bald nach der Transplantation. Das körpereigene Immunsystem wehrt sich gegen das fremde Organ; es will es loswerden.

Dies führte dazu, dass nach den ersten, Ende der sechziger Jahre vorgenommenen sensationellen Transplantationen des südafrikanischen Chirurgen Christiaan Barnard in den siebziger Jahren fast keine Herzen mehr verpflanzt wurden. Die kurze Überlebenszeit der Patienten rechtfertigte den Aufwand nicht. Den Durchbruch brachte dann die Entwicklung des Wirkstoffs Cyclosporin. Er wird seit 1980 eingesetzt und hilft bei der Unterdrückung der Abstoßreaktion, was allerdings mit zum Teil schweren Nebenwirkungen des Medikaments verbunden ist. Beobachtungen einer US-amerikanischen Forschergruppe, die 1999 veröffentlicht wurden, besagen, dass Cyclosporin das Wachstum von Tumorzellen und die Bildung von Tochtergeschwülsten beschleunigen kann – eine bislang völlig übersehene negative Wirkung dieses Medikaments.

Weshalb sich ein Organismus dagegen wehrt, ein fremdes Organ in sich aufzunehmen, wo es doch seine Funktion so gut wie ein anderes erfüllt, ist bis heute ein Rätsel der Biologie. Der Organismus hat offensichtlich ein elementares Bedürfnis nach genetischer Einheit der in ihm organisierten Zellen, aber wozu er das hat, weiß niemand. Hier reicht eine metaphysische Dimension ins rein Physische und Physiologische hinein, ein Bedürfnis nach Einheit und Unverwechselbarkeit. Organe sind eben mehr als nur Werkzeuge; Organismen sind mehr als nur Mechanismen.

Eine Grauzone zwischen Leben und Tod

Mal davon abgesehen, dass ein Organismus ein fremdes Organ eigentlich nicht will, also den Tod einem Weiterleben mit fremdem Organ vorzieht, tun sich bei der Organtransplantation eine Fülle von Fragen auf, die über das rein Medizinische weit hinausgehen. Es geht dabei letztlich um die Sinnfrage der menschlichen Existenz. Diese Diskussion, die vor Jahren in Deutschland heftig geführt wurde und inzwischen weitgehend verstummt ist, spitzte sich nicht von ungefähr um das Herzorgan zu. Darin zeigte sich wieder einmal die besondere Bedeutung, die dem Herzen auch heute noch zukommt. Die Transplantations-Diskussion wurde buchstäblich zwischen Herz und Gehirn ausgetragen, und nicht zwischen Leber, Niere oder Lunge, wenngleich diese Organe ebenfalls lebenswichtig sind, also auch deren Funktion oder Nichtfunktion über Leben und Tod entscheidet.

Allein zwischen Herz und Gehirn wurde die Frage diskutiert, wann ein Mensch als tot zu gelten habe. Diese Frage ist für die Transplantations-Medizin von grundlegender, das heißt ethischer Bedeutung, wenn verhindert werden soll, dass einem Menschen, der noch gar nicht tot ist, Organe entnommen werden. Aber wann ist ein Mensch tot? Eine törichte Frage, wird so mancher sagen. Jahrtausendelang wurde ein Mensch immer dann für tot erklärt, wenn sämtliche Organfunktionen zum Erliegen kamen, wenn er kalt und steif war und der Verwesungsprozess einsetzte. Das heißt: Die gesamte Hirnfunktion war endgültig, nicht behebbar ausgefallen *und* das Herz endgültig, nicht behebbar zum Stillstand gekommen.

Hätte man sich auf diese Definition des Todes einigen können, so hätte es keines Streits bedurft. Die Ärzteschaft, vertreten durch die Bundesärztekammer, mochte einer solchen Definition des Todes aber nicht zustimmen, und zwar aus einem einfachen Grund: Diese Todesdefinition, so einleuchtend sie ist, würde es unmöglich machen, »frische« Austauschorgane für Transplantationen zu bekommen. »Frisch« heißt, dass man einen Hirntoten, dessen Herz aber noch schlägt, so lange maschinell beatmet, also seinen Blutkreislauf aufrechterhält, bis man die benötigten Organe, zumal das Herz, entnommen hat, um sie frisch einem anderen Menschen einzupflanzen und damit dessen Leben zu retten. Erst nach vollendeter Organentnahme würde man die Maschinen abstellen.

Aus diesem medizinischen Interesse an »frischen« Austauschorganen entstand ein Definitionsproblem dessen, was uns eigentlich als das Allergewisseste erscheint: Das Eindeutigste, nämlich der Tod, wurde auf einmal uneindeutig. Die an sich unsinnige Steigerung »Tot, töter, am götesten« bekam plötzlich einen absurden Sinn. Nach dem Wunsch der Transplantations-Mediziner sollte es fortan »lebende Leichen« geben, denen man »frische« Organe entnehmen kann, bevor sie zu »toten Leichen« werden, sie also die klassischen Todeszeichen der Erkaltung, Erblassung, der Leichenstarre und der Totenflecken zeigen.

Auf diese Weise entstand eine bedenkliche Grauzone zwischen Leben und Tod. Denn plötzlich gab es zwei Tode: den Hirntod und den Herztod. Und damit gewann das Herz seine alte Bedeutung als Sitz der Seele zurück. Diese moderne Bedeutung hat medizinisch damit zu tun, dass das Herz auch ohne Gehirn weiterschlagen kann, das Gehirn jedoch nicht ohne schlagendes Herz weiter funktionieren kann. Daraus entsteht die einfache, aber ethisch ungeheuer brisante Frage, wann das Sterben eines Menschen abgeschlossen ist.

Zu bedenken ist, dass Hirntote weiterhin atmen, schwitzen, zuweilen ihre Arme und Beine bewegen und auf Berührungen reagieren. Hirntote Männer sind weiterhin zeugungsfähig, hirntote Frauen empfängnis- und gebärfähig. Dennoch steht wissenschaftlich außer Zweifel, dass ein hirntoter, aber durch künstliche Beatmung noch lebender Körper alle seine geistig-seelischen Eigenschaften nicht mehr besitzt, die von einem funktionierenden Gehirn abhängig sind: Denken, Fühlen, Wollen, Erleben, Glauben, Hoffen und so weiter.

Es stellt sich jedoch die – rein religiöse oder metaphysische – Frage, ob die menschliche Seele sich allein in den Funktionen des Gehirns erschöpft und ob ein Körper, dessen Herz noch schlägt, nicht auch noch »irgendwie« beseelt ist. Darauf gibt es keine wissenschaftlich zu begründende Antwort, sondern nur Glaubensmeinungen. Und diese kann eine Gesellschaft, die sich immer noch, wenn auch immer weniger, als christlich fundiert betrachtet, nicht einfach unter den Tisch – den Operationstisch – fallen lassen.

Die menschliche Seele ist in weiten Teilen noch immer ein Rätsel, so beeindruckend die moderne Gehirnforschung auch sein mag. Solange die Seele ein Rätsel ist, wir also nicht wissen, ob es nicht doch eine irgendwie geartete Fortdauer der Seele nach dem Tod gibt, solange ist es äußerst fragwürdig, aus dem Erlöschen aller Bewusstseinsäußerungen auf das Ende der geistigen Existenz eines Menschen zu schließen. Wir wissen ganz einfach nicht, was der Zustand eines Hirntoten bis in die letzte, das heißt metaphysische Konsequenz bedeutet. Wir müssten zuerst einmal Gewissheit darüber haben, was »Bewusstsein« wirklich ist.

Doch gerade das ist ein äußerst diffiziles Thema. Wir können zum Beispiel nicht ausschließen, dass es Formen subtilster Energie gibt, die man nicht unbedingt Bewusstsein nennen kann, die aber doch irgendwie mit Bewusstsein verbunden sind. Der Philosoph Hans Jonas hat hierzu angemerkt: »Wer kann wissen, wenn jetzt das Seziermesser zu schneiden beginnt, ob nicht ein Schock, ein letztes Trauma, einem nichtzerebralen, diffus ausgebreiteten Empfinden zugefügt wird, das noch leidensfähig ist?«

Es war kein Zufall, dass die Gleichung Tod = Hirntod im Jahre 1982 von der Bundesärztekammer eingeführt wurde, um dann acht Jahre später von den beiden großen christlichen Kirchen bestätigt zu werden. Den Ärzten erlaubt diese Gleichung, straffrei die künstliche Beatmung und andere lebensverlängernde Maßnahmen bei einem hirntoten Menschen abzubrechen. Sie erlaubt aber auch das genaue Gegenteil: den Kreislauf eines Hirntoten künstlich zu erhalten, um seine Organe Schwerstkranken zukommen zu lassen. Wo es um die erste Konsequenz ging, wurde das Hirntod-Konzept selbst von einem unerbittlichen Kritiker wie Hans Jonas befürwortet: Man solle die Geräte abstellen, damit der Betroffene ruhig und in Würde sterben kann. Dagegen polemisierten manche Ärzte, indem sie darauf hinwiesen, dass Hirntote nicht stürben, sondern bereits tot seien.

Zur metaphysischen Unsicherheit bei der Definition des Todes kommt noch eine medizinische hinzu: Die Diagnose des Hirntods ist schwierig; es besteht die Gefahr, dass ein Zustand als Hirntod definiert wird, der gar keiner ist. Denn dem Hirntod sehr ähnlich sind Zustände wie das »Apallische

Syndrom«, der »Akinetische Mutismus«, der »Hirnrindentod« oder der »Hirnstammtod«. Die beiden letzten Zustände sind zwar durch einen unwiederbringlichen Ausfall großer Gehirnteile gekennzeichnet, erfüllen aber ebenso wenig den Sachverhalt des Hirntods wie etwa das Endstadium der Alzheimer-Demenz. Es soll Fälle gegeben haben, wo nach diagnostiziertem Hirntod wieder eine Spontanatmung beim »Toten« einsetzte und er ins Leben zurückkehrte – weil er gar nicht wirklich und endgültig »weg« war.

Erstaunlich ist in diesem Zusammenhang, dass auch die Kirchen, vertreten durch das Kommissariat der Deutschen Bischöfe, den »Hirntod« als den Tod des Menschen akzeptierten, vorausgesetzt, es gebe eine »alle vernünftigen Zweifel ausschließende Sicherheit bei der Diagnose des Hirntodes«. Während es die Kirchen sehr genau nehmen mit dem Lebensbeginn, der mit der Zeugung einsetzt, und deshalb Abtreibung ablehnen, bleiben sie bei Fragen des Lebensendes in ihrer Denkweise ziemlich oberflächlich. Andererseits ist dieser kirchliche Standpunkt auch wieder einleuchtend: In der christlichen wie in der medizinischen Ethik steht der Erhalt des Lebens an oberster Stelle, während die Frage, wann ein ohnehin Sterbender exakt gestorben ist, zwar nicht belanglos, aber doch zweitrangig ist angesichts des sicheren Todes. Zur Todesfeststellung verlässt sich deshalb auch der Papst ganz auf das Urteil der Ärzte, während er in der Frage, wann ein menschlicher Lebenskeim beseelt ist, allein theologische Gesichtspunkte gelten lässt.

Die christliche Theologie scheint die uralte Beziehung Herz – Seele, auf der sich unter anderem der Herz-Jesu-Kult begründete, als nicht mehr bedeutsam zu betrachten. Die christliche Trennung von Körper und Geist, Weltlichem und Geistlichem, rechtfertigt eine solche Sichtweise. Denn letztlich bleibt die Seele als das Unsterbliche von den Manipulationen am Körper unberührt. Sie wird so oder so den Körper im Augenblick des tatsächlichen Todes verlassen.

Kulturen, die diese Trennung von Körper und Geist nicht kennen, etwa die Völker mit buddhistischer Tradition, sträuben sich deshalb auch gegen eine Anerkennung des Hirntodes. Die enge Verbindung von Körper und Geist im buddhistischen Glauben verbot bislang eine Organentnahme bei einem Menschen, dessen Herz noch schlägt. Denn der Buddhismus sieht stets das Ganze und nicht nur die Teile, aus denen sich ein lebendiger Organismus zusammensetzt, und bemüht sich um ein ganzheitliches Menschen- und Weltbild. Nicht umsonst entspricht das japanische Schriftzeichen für »Herz« dem für »Seele«.

Nach buddhistischem Verständnis würde die Übertragung fremder Organe das Unreine und Böse des Todes auf den Lebenden übertragen. In Japan beispielsweise ist der Glaube an die Präsenz der Totengeister im Diesseits noch bei vielen Menschen wirksam. Die Toten sind nicht tot, sie üben durchaus Einfluss auf die Welt der Lebenden aus, im guten wie im schlechten Sinn. Die Lebenden tun also gut daran, die Geister der Toten nicht zu reizen. Nicht umsonst begräbt man die Toten in aufwendigen Zeremonien in der vertrauten Umgebung des eigenen Heims. In einem Hausschrein werden Reis und Wasser für die Toten bereitgestellt.

Nach japanischer Auffassung kann der Prozess des Sterbens bis zu dreißig Jahre währen. Erst dann ist der Geist des Toten endgültig »in die Berge zurückgekehrt«, dorthin, woher er kam. Im Gegensatz zur jüdisch-christlichen Auffassung, wonach der Tod ein unumkehrbares Ereignis darstellt, ist er in Japan ein in vielen Zwischenstufen ablaufender

Vorgang, bei dem auch die körperliche Unversehrtheit des Toten von großer Bedeutung ist. Bei Unfällen oder anderen gewaltsamen Todesarten, bei denen Körperteile zerstört werden oder unauffindbar bleiben, entstehen für den buddhistischen Gläubigen schwerwiegende Konflikte.

Freilich ist man auch im christlich geprägten Westen bemüht, bei Massenunglücken, wenn irgend möglich, die Körperteile der Verstorbenen einander zuzuordnen – auch hier gibt es noch einen Rest von Unbehagen bei dem Gedanken, einen Körper nur unvollständig zu bestatten.

In Japan war es bis vor kurzem verboten, Organe von Hirntoten zu transplantieren. Doch auch in Japan wird die Kraft des Religiösen schwächer: Seit 1997 gibt es eine gesetzliche Grundlage, die auch dort Organtransplantationen erlaubt. Allerdings muss ein Mensch zu Lebzeiten schriftlich seine Zustimmung zur Organentnahme gegeben haben. Zusätzlich müssen auch die engsten Angehörigen damit einverstanden sein. Mindestens zwei Ärzte müssen den Eintritt des Hirntods feststellen, der jedoch weiterhin nicht als endgültiger Todeszeitpunkt gilt.

Aus medizinischer Sicht ist es unbedingt nötig, Körperteile möglichst bald nach dem Tod des Spenders zu entnehmen, um eine Schädigung der Organe durch die rasch einsetzende Verwesung zu verhindern. So kurz nach dem Tod aber hat nach buddhistischer Auffassung der Geist des Verstorbenen noch nicht seinen Platz im Jenseits gefunden; er steht seinem physischen Erdendasein noch ganz nahe. Die Verpflanzung seiner Organe in einen anderen Körper oder gleich in mehrere bedeute gleichsam eine Vermischung seines Geists mit dem eines anderen Menschen. Eine unselige Vermischung von Schicksalen fände statt.

Hierzu passen zwei Berichte aus dem Jahre 1998. In dem einen Fall hatte ein italienisches Chirurgenteam in Padua ein Herz innerhalb einer Woche in zwei Patienten verpflanzt. Die erste Empfängerin, eine Frau im Alter von 50 Jahren, starb fünf Tage nach der Operation völlig überraschend an einer plötzlichen Ausweitung der Blutgefäße im Gehirn (Aneurysma). Gleich danach habe ein 60 Jahre alter Mann das Herz erhalten. Nachdenklich stimmt der Umstand, dass auch die Spenderin, ebenfalls eine 50-jährige Frau, an Aneurysma gestorben war. Es war im Übrigen der bislang erste Fall in der Geschichte der Herzchirurgie, dass ein Herz zweimal verpflanzt wurde.

Die andere bedenkenswerte Meldung kam aus den USA. Dort lebte eine 17-jährige Patientin fünf Jahre lang mit dem Spenderherzen eines ertrunkenen Jungen. Dann ertrank die junge Frau selbst bei einem Verkehrsunfall. »Diese grausame Ironie belaste die Familien beider Kinder sehr«, war in der Agenturmeldung zu lesen. Es scheint, dass nicht nur in Japan die Geister der Toten ins Diesseits hineinwirken.

Die USA sind inzwischen das Land mit der freizügigsten Auslegung dessen, was »Hirntod« ist. Dort hält man es bereits für unerheblich, wenn Zellbereiche im Gehirn noch funktionieren. Von dem Philosophen Robert Veatch kam der Vorschlag, zwischen wichtigen und unwichtigen Hirnfunktionen zu unterscheiden. Tot ist für ihn jemand, der keine »höheren« Fähigkeiten wie Denken, Fühlen und Erinnern mehr besitzt.

Das in der Welt größte Transplantationszentrum, jenes in Pittsburgh, praktiziert bereits folgende Vorgehensweise: Man lässt sich von Schwerstkranken oder deren Angehörigen versichern, dass keine Fortsetzung der Behandlung gewünscht wird. Danach werden alle lebenserhaltenden

Maßnahmen eingestellt. Man lässt den Patienten »kontrolliert« sterben. Zwei Minuten nachdem das Herz des Patienten zu schlagen aufgehört hat, beginnen die Ärzte mit den Vorbereitungen für die Transplantation. Tot ist dieser Mensch – man spricht im Fachjargon von einem »NHB (Non-Heart-Beating)-Kadaver« – zu diesem Zeitpunkt noch nicht, denn weder Kreislauf noch Hirnfunktionen sind unwiderruflich erloschen. Eine Wiederbelebung wäre noch möglich.

Hinter dieser Praxis steht die Auffassung, die auch in Deutschland von zahlreichen Ärzten vertreten wird, dass der Mensch nur dann zu den Lebenden zu zählen ist, wenn seine höheren Gehirnfunktionen intakt sind, das heißt solange sein Großhirn arbeitet. Das Großhirn umfasst jedoch nur etwa 80 Prozent des Gesamthirns. Es gibt noch das Kleinhirn, das vor allem die willkürlichen Bewegungen steuert, und das Stammhirn, das die überlebenswichtigen Funktionen des Atmens, des Kreislaufs, des Wachens und Schlafens, des Stoffwechsels, des Hormonhaushalts, der Verdauung sowie die Geschlechtsfunktionen steuert. Der Hirnstamm ist auch verantwortlich für Empfindungen wie Angst, Langeweile, Hunger, Ekel oder Schmerz, und er ist zuständig für automatische Bewegungsabläufe.

Wie extrem gefährlich es ist, das menschliche Bewusstsein in »höhere« und »niedere« Stufen aufzuspalten, liegt auf der Hand: Es kommt einer Unterscheidung zwischen »höherem« und »niederem«, »wertvollem« und »unwertem« Leben gleich. Auf diese Weise wird das Menschliche als Ganzheit aufgelöst und ermöglicht, bestimmte »bewusstlose« Daseinsformen des Menschen aus dem Menschlichen auszusondern.

In diese Richtung tendieren in Deutschland bereits viele Ärzte, etwa jene einer Gynäkologengruppe an der Universitätsklinik Münster, die dafür eintreten, so genannte anenzephale Neugeborene, also ohne Großhirn Geborene, mit Toten gleichzusetzen, um so die Organentnahme aus ihren Körpern zu legitimieren. »Das hier vorgelegte Personenverständnis«, schreiben der Moraltheologe Johannes Hoff und der Mediziner Jürgen in der Schmitten in der »Woche« vom 28.4.95, »ist beängstigend eng. (...) Wann werden wir noch weiterfragen, ob wir nicht auch andere Patienten – Demente, Geistesgestörte oder sogar senile alte Menschen – den Bedürfnissen der Überlebenden unterordnen sollten? Wer den Hirntod als Tod des Menschen einmal akzeptiert hat, wird diesen Forderungen kein schlüssiges Argument entgegensetzen können.«

Bei vielen Bürgern wurde durch die Argumentation der Ärzte der Verdacht geweckt, dass diese nur den Tod des Menschen umdefinieren wollen, damit sie den noch lebenden Körper eines Sterbenden ausweiden können. Das allgemeine Vertrauen in die Ärzteschaft ist durch zahlreiche Skandale, gerade unter Kardiologen, ohnehin nicht mehr sehr groß. Aber was am erstaunlichsten ist: Die Ärzte selbst misstrauen ihrer eigenen Zunft nicht weniger. Nach einer Umfrage unter 5530 Essener Bürgern und 759 Ärzten in Nordrhein-Westfalen, die im Jahre 1998 vom Transplantationszentrum der Universität Essen durchgeführt wurde, glauben nur 18 Prozent der allgemeinen Bevölkerung, aber auch nur 50 Prozent der Mediziner, dass es in Deutschland bei der Verteilung von Organen mit rechten Dingen zugeht. Jeder zehnte Arzt war der Ansicht, dass hierzulande Gesunden gegen ihren Willen Organe entnommen würden. Weitere 9 Prozent der Mediziner waren sich dessen nicht sicher. 58 Prozent der Ärzte halten in Deutschland auch Organhandel für möglich; drei Viertel waren es unter den übrigen

Bürgern. Um diesem erschreckend hohen Misstrauen entgegenzuwirken, sollten die transplantierenden Ärzte in Zukunft keinen Einfluss mehr darauf nehmen können, an wen ein bestimmtes Organ vergeben wird.

Trotz aller verständlichen und nützlichen Skepsis gegenüber der Transplantationspraxis – man muss unserer Gesellschaft dennoch attestieren, dass sie sich die Entscheidung darüber, wann ein Mensch als tot zu betrachten ist, nicht leicht gemacht hat. Die Diskussion währte mehrere Jahre, und die unterschiedlichsten gesellschaftlichen Gruppen meldeten sich zu Wort, ehe der Deutsche Bundestag im Juni 1997 die Kriterien für Organentnahmen festlegte. Das Parlament war, wie nicht anders zu erwarten, quer durch alle Parteien zerstritten. Es wurde leidenschaftlich, aber mit großem Ernst debattiert. Ohne Fraktionszwang, nur ihrem Gewissen verpflichtet, stimmten die Parlamentarier ab und entschieden sich mit großer Mehrheit für ein Transplantationsgesetz, das eine so genannte erweiterte Zustimmungsregelung zur Grundlage hat. Es trat am 1. Dezember 1997 in Kraft. Wenn es konsequent umgesetzt werden würde, dürfte es eigentlich keine Grauzone des Missbrauchs mehr geben. Aber jedes Gesetz ist eben nur so gut wie seine Durchsetzung.

Ausgegangen wird in dem neuen Gesetz vom Hirntod als unabdingbarer Voraussetzung für eine Organentnahme. Das Herz, gerade weil es ja auch um seine Transplantierbarkeit geht, hat damit per Gesetz seine uralte Funktion als den Tod anzeigendes Organ eingebüßt und rückt damit gegenüber dem Gehirn auf einen zweiten Rang, den es sich mit anderen Organen teilen muss. Das Herz ist per Gesetz nicht mehr Sitz der Seele und der Gefühle. Die Austauschbarkeit zerstört seine Einmaligkeit als Sitz des Persönlichen.

Am Herzen kann man deutlich machen, wie in unserer Zeit das Wissen, vor allem das praktische Wissen, mit den Gefühlen kollidiert – eine Grundbestimmung unserer Epoche. Vom »Herztausch« sprach man früher bei Liebenden. Das bedeutete eine ungeheure Aufwertung dieses Organs gegenüber allen anderen. Der Herztausch heute wertet das Organ ab, damit aber auch den Organismus als ganzen und letztlich den Menschen schlechthin. Abwertung aber schafft die Voraussetzung, dass mit dem Menschen entsprechend verfahren werden kann, nämlich auf der Ebene eines physikalischen Systems.

Sehr klug und zutiefst demokratisch hat das Gesetz die letzte Entscheidung dem Einzelnen zugewiesen und damit an dessen Freiheit und Mündigkeit appelliert. Freilich entspräche eine engere Zustimmungslösung dieser Freiheit des Einzelnen noch viel mehr. Allein der Sterbende sollte für sich, als Ausdruck seiner Freiheit und der Unantastbarkeit seiner Würde, die Entscheidung über seinen Tod und über die Art, wie er sich aus dieser Welt verabschieden möchte, treffen. Denn wie das Leben, so gehört auch das Sterben, das immer noch Teil des Lebens ist, nur einem selbst und niemandem sonst – auch nicht den allerengsten Angehörigen.

Doch die erweiterte Zustimmungslösung des nun geltenden Rechts erlaubt es, Organe auch dann zu entnehmen, wenn die Angehörigen dem Eingriff zustimmen, falls der Tote zu Lebzeiten keine schriftliche Zustimmung abgegeben hat. Als Angehörige gelten Eltern, Ehegatten, Kinder sowie Lebenspartner und weitere Verwandte. Und umgekehrt gilt: Wenn sich die Familie *gegen* eine Organentnahme ausspricht, obwohl der Hirntote einer Spenderausweis hat, wird dem Wunsch der Familie entsprochen.

Damit wird das Gesetz einem gesellschaftlichen Faktum gerecht: Drei Viertel der Bevölkerung stimmen einer Organspende nach dem Tod (= Hirntod) zu. So heikel die Definition des Todes als Hirntod auch weiterhin sein mag – etwas sehr Positives drückt sich in dieser Grundhaltung der Bevölkerung aus: Mitgefühl, Mitmenschlichkeit und Hilfsbereitschaft. Wer weiß, ob nicht das Mitgefühl für andere mehr zählt als die Sorge um einen »richtigen« Übergang vom Leben zum Tod, die Sorge ums eigene Seelenheil. Diese Sorge, so verständlich sie ist, ist streng genommen halt doch von egoistischer Natur.

Viel geändert hat das neue Transplantationsgesetz an der Praxis der Organverpflanzungen in Deutschland vorerst nicht. Weiterhin warten weit mehr schwerstkranke Menschen auf ein Organ, als solche vorhanden sind. Rund 100.000 Menschen hoffen in Deutschland auf eine neue Niere, eine neue Leber, ein neues Herz. Jeder zweite dieser Patienten stirbt, bevor ein passendes Spenderorgan zur Verfügung steht. Die Zahl der Herztransplantationen ist 1997 gegenüber dem Vorjahr nur leicht gestiegen, und zwar von 510 auf 562.

Aufgrund des chronischen Mangels an Spenderorganen – vor allem auch für Kinder – liebäugelt die medizinische Forschung deshalb schon lange mit der Möglichkeit, Organe von Tieren, vor allem von Schweinen, auf Menschen zu übertragen. Instinktiv graut einem vor dieser Vorstellung – insbesondere im Zusammenhang mit dem Schwein, dessen Organe wir gewöhnlich essen. Die Medizin sieht das ganz nüchtern; für sie zählen lediglich die großen Ähnlichkeiten zwischen Menschen- und Schweineorganismus, zumindest hinsichtlich einzelner Organe wie Herz, Leber, Niere, aber auch Haut. Und sie sieht die leichte »Produzierbarkeit« solcher Organe.

Auch auf dem Gebiet der Xenotransplantation – »xeno« bedeutet im Griechischen »fremd« – sind die USA die treibende Kraft. Dort wurde schon im Jahre 1984 einem Säugling, der mit schwersten Fehlbildungen des Herzens geboren wurde, das Herz eines Pavians eingepflanzt. Der Säugling starb 34 Tage nach der Operation. Zuletzt wagte 1993 ein US-Transplanteur die Übertragung einer Pavianleber auf einen Menschen; er überlebte die Operation nur um 26 Tage. Der Grund für die Misserfolge war stets der gleiche: Artfremde Organe werden vom menschlichen Immunsystem in einer »hyperakuten« Reaktion abgestoßen. Wenn der Körper dies schon bei Organen der eigenen Art tut, dann erst recht bei artfremden.

Doch was die Natur will oder nicht will, ist den Medizinforschern ziemlich gleichgültig. Sie suchen nach Wegen, natürliche Abwehrreaktionen medikamentös zu unterdrücken. Das gelingt inzwischen bei arteigenen Organverpflanzungen sehr gut, allerdings, wie schon erwähnt, um den Preis schwerwiegender Nebenwirkungen, die die Lebensqualität der Patienten erheblich schmälern. Bei Xenotransplantationen sind solche Medikamente auf längere Frist erfolglos; zu stark ist der »genetische Widerwillen« der Zellen gegenüber dem artfremden Organ.

Aber Gene lassen sich manipulieren. So wurden schon vor Jahren gentechnisch manipulierte Schweine gezüchtet, die menschliche Proteine, also einfache, nur aus Aminosäuren aufgebaute Eiweißmoleküle, auf der Oberfläche ihrer Organe tragen. Man hat dafür die schreckliche Wortkombination »gentechnisch humanisiertes Schwein« geschaffen. Mit diesen »molekularen Tarnkappen« soll die menschliche

Immunabwehr nach der Verpflanzung eines Schweineorgans getäuscht werden.

Tatsächlich gelang es im Jahre 1995 erstmals, einem Affen ein genmanipuliertes Schweineherz zu verpflanzen und die hyperakute Immunreaktion zu überwinden. Britische Wissenschaftler planten für 1996, einem Menschen ein genetisch angepasstes Schweineherz einzupflanzen. Sie wurden jedoch von der britischen Regierung gestoppt. Zum Glück konnten sich warnende Stimmen von Wissenschaftlern durchsetzen, die zu bedenken gaben, dass bei derartigen Transplantationen auch Krankheitserreger, die bislang nur bei Tieren auftraten, den Sprung über die Artgrenze schaffen und sich unter Menschen ausbreiten könnten.

Diese Befürchtungen waren berechtigt, wie man inzwischen weiß. Tierische Krankheitserreger würden in Xenotransplantat-Empfängern ideale Vermehrungsbedingungen vorfinden. Von vornherein wäre die Infektionsbarriere von Haut und Schleimhäuten durchbrochen, während gleichzeitig die Immunabwehr des Empfängers durch Medikamente nicht mehr funktioniert. Die Übertragung von Viren wäre auch dadurch begünstigt, dass die gentechnisch »humanisierten« Schweine menschliche Eiweißmoleküle ausbilden, die auf der Oberfläche von Zellmembranen sitzen. Diese dem menschlichen Organismus angepassten Eiweiße sollen Blutbestandteile im Organempfänger daran hindern, die Zellen des eingepflanzten Organs zu zerstören. Diese Blutbestandteile, die so genannten Komplementfaktoren, dienen aber auch dazu, Viren, Bakterien oder einzellige Parasiten unschädlich zu machen. Mit dem genmanipulierten Schweineorgan hätte man also eine Art von Trojanischem Pferd in die Immunfestung des menschlichen

Organismus eingeschmuggelt. Die Organverpflanzung käme einer direkten Injektion von Viren in den menschlichen Körper gleich.

Unklarheit herrscht derzeit noch über die Stoffwechselverträglichkeit eines Schweineherzens in einem menschlichen Organismus. Denn das Schweineherz müsste sich von dem ernähren, was das menschliche Blut ihm liefert. Hormonhaushalt und Stoffwechsel unterscheiden sich in Mensch und Schwein jedoch in wesentlichen Einzelheiten. Die Frage ist, ob ein Schweineherz diese Unterschiede über längere Zeit verkraften kann.

Die Xenotransplantation ist in Deutschland verboten. Doch wer weiß, wie lange noch! Die internationalen Biotechnik-Firmen, wie die amerikanische »Nextran« oder die britische »Imutran«, sitzen längst in den Startlöchern und warten auf grünes Licht für den kommerziellen Einsatz transgener Schweine. Unter keimfreien Bedingungen halten sie bereits seit Jahren genmanipulierte Schweine für den Menschen bereit – ein lebendiger Ersatzteillager-Markt!

Aber das ist nicht der einzige Weg, den die medizinische Wissenschaft eingeschlagen hat, um den Organmangel in der Transplantations-Medizin aufzuheben. In Labors wird fieberhaft daran gearbeitet, ganze menschliche Herzen und andere Organe in der Retorte zu züchten. Durch die Verwendung von Gewebe des potentiellen Empfängers eines neuen Herzens könnte das Problem der Organabstoßung eines Spenderherzens durch den Körper des Empfängers umgangen werden. Die Herstellung von Ersatzgewebe im Labor – auf Englisch »tissue engineering« – hat in den vergangenen Jahren erstaunliche Fortschritte gemacht.

So ist es dem kanadischen Arzt Ren-Ke Li gelungen, Muskelfasern, die aus dem Gewebeverband eines Herzens entfernt wurden, zu isolieren und in einer nährenden Kulturflüssigkeit in ein künstliches Maschennetz aus Gelatine einwachsen zu lassen. Wie im Ursprungsorgan einigten sich die Herzzellen in dem Gelatinegerüst wieder auf einen gemeinsamen Kontraktionsrhythmus. Li ist sich sicher, dass es auf diesem Weg sehr bald möglich sein wird, jene Bereiche eines Herzens, die durch Infarkt geschädigt wurden, durch Retortengewebe zu reparieren. Als Zellsuppe in die Infarktnarbe gespritzt oder als Pflaster aufgeklebt, würde sich die kultivierte Muskelfasermasse problemlos in den Gewebeverband des kranken Herzens einfügen und dessen ursprüngliche Pumpleistung wiederherstellen. Mehr noch: Wenn die Mischung aus Muskel-, Bindegewebs- und Gefäßzellen stimme, würden sogar neue Blutgefäße von selbst nachwachsen, die den regenerierten Infarktbereich dann wieder mit Sauerstoff versorgen.

Ob es jemals gelingen wird, ganze Herzen zu züchten, weiß im Augenblick niemand. Theoretisch ist es möglich. Immerhin gelang es dem deutschen Leibniz-Labor für Biotechnologie und artifizielle Organe (Lebao) an der Medizinischen Hochschule Hannover in nur einem Jahr, eine »nachwachsende Herzklappe« zu entwickeln. In Deutschland müssen jährlich etwa 15.000 Herzklappen ersetzt werden, weil sie undicht geworden sind. Besonders für die Kinderherzchirurgie wäre diese Erfindung ein Segen. Denn ein Neugeborenes mit irreparablem Herzklappenfehler braucht im Laufe seines Wachstums, also bis etwa zum 18. Lebensjahr, bislang fünfmal eine Ersatzklappe aus Metall, weil diese Implantate naturgemäß nicht mitwachsen und deshalb nach wenigen Jahren zu klein sind. Außerdem haben die Metallklappen den Nachteil, dass die Patienten den Rest ihres Lebens starke Medikamente einnehmen müssen, die die Bildung von Blutgerinnseln an den Metallteilen unterbinden.

Zwar werden auch heute schon Schweineherzklappen eingesetzt, wobei es sich allerdings nur um das nackte Kollagengerüst handelt. Diese Klappen sind tot wie Leder und verkalken mit der Zeit, so dass auch sie ersetzt werden müssen. Auch die nachwachsende Herzklappe hat als Grundlage eine Schweineherzklappe, der gewissermaßen eine menschliche »Identität« verpasst wird. Auf dem von allen lebenden Zellen gereinigten Stützgerüst der Schweineherzklappe werden Herz- und Blutgefäßzellen des Patienten angesiedelt. Somit erhält der Empfänger eine Herzklappe mit eigenen Gewebezellen.

Doch an diesem Punkt ist die Phantasie der Wissenschaftler längst nicht am Ende. Das Züchten von Gewebezellen zielt letztlich auf das Züchten ganzer Organe ab. So ist es amerikanischen Forschern immerhin schon gelungen, Embryonalzellen mehrere Monate in Kulturschalen am Leben zu erhalten. Es handelt sich dabei um so genannte embryonale Stammzellen (ES-Zellen). Anders als normale Körperzellen, die sich je nach Spezialisierung zu Muskeln, Blut oder Hirngewebe zusammensetzen und nach einer festgelegten Anzahl von Teilungen absterben, sind ES-Zellen, solange sie ausreichend ernährt werden, unsterblich. Diese Zellen haben das Potential, sich zu jeder Art von Körperzelle entwickeln zu können.

Theoretisch lassen sich auf diesem Weg menschliche Herzzellen, ja ganze Herzen, züchten. Man weiß zurzeit allerdings noch nicht, wie man solche ES-Zellen in Herzzellen umwandelt. Man weiß nur, dass embryonale Stammzellen mit spezifischen Wachstumsfaktoren behandelt werden müssen. Da ES-Zellen nicht altern, könnten sie theoretisch einen endlosen Vorrat für Transplantationsmaterial liefern.

Die Abwertung der menschlichen Organe als austauschbare Teile – und damit die Abwertung des Menschen – wird in diesem Forschungszweig auf die Spitze getrieben. Der Mensch wird zu einem Objekt *für* die Retorte, und irgendwann, so ist zu befürchten, zu einem Objekt *aus* der Retorte. Darüber hinaus wird er auf das Niveau eines Zuchttieres abgewertet, zuletzt auf das eines Sammelsuriums von produzierbaren Organen und Organteilen, die im Baukastenprinzip zusammengesetzt werden können.

Die Fabrikation von Organteilen ist längst Realität. Irgendwann können wir sie uns in Regalen von Apotheken oder Supermärkten aussuchen – die serienmäßige Fabrikation von Menschen wird zu einer realen Perspektive. Die Forscher selbst leugnen auch gar nicht, dass das ihr Ziel ist. Dadurch aber wird das zerstört, was den Menschen erst zum Menschen macht: seine Einmaligkeit, Unverwechselbarkeit, seine Persönlichkeit. Diese Zerstörung beginnt damit, dass man aus seinem Organismus einen puren Mechanismus macht, und den Menschen zur lebendigen Maschine.

Ethik – eine Verstandes- und Herzensangelegenheit

Wo immer in den Labors der Biowissenschaftler mit menschlichen Embryonen experimentiert wird, ist es nötig, zur wissenschaftlichen Diskussion stets auch eine ethische zu führen. So komplex und kompliziert die wissenschaftliche Diskussion ist, so komplex und kompliziert sind auch die ethischen Fragen, die damit verbunden sind. Genau das aber birgt eine große Gefahr für die demokratische Gesellschaft: Die große Mehrheit der Bevölkerung kann nicht mehr nachvollziehen, um was es bei diesen eminent wichtigen Diskussionen eigentlich geht. Ethik aber betrifft alle, und eine Gesellschaft, die dem nicht mehr Rechnung trägt, begibt sich auf einen gefährlichen Weg, an dessen Ende die Selbstauslöschung der Gattung stehen kann.

Schon deshalb ist eine permanente öffentliche Diskussion gerade im Bereich der Gentechnologie und Transplantationsmedizin nötig, um möglichst vielen Menschen zumindest eine Ahnung davon zu geben, was in den Labors und Operationssälen geschieht. Allein das Tempo, das Forschung und Medizin auf diesem Gebiet vorlegen, ist atemberaubend. Die Entwicklungen sind selbst für Fachleute kaum noch zu überblicken.

Ethik beginnt aber nicht erst dort, wo mit menschlichen Embryonalzellen experimentiert wird. Hierzu gibt es zumindest in Deutschland eine ziemlich eindeutige Gesetzeslage durch das Embryonenschutzgesetz. Bei uns sind Experimente an menschlichen Embryonen verboten. Verboten sind jedoch nicht Experimente mit Zelllinien solcher Embryonen, ebenso wenig ihre Verwendung in der Medizin. Hier tut sich eine gefährliche Grauzone auf: Es gibt keine scharfe Linie zwischen dem Embryo und einer ES-Zelle desselben. Zumindest theoretisch lassen sich auch aus ES-Zellen menschliche Klone züchten; diese ES-Zellen müssen zuvor nur genetisch manipuliert werden. Allerdings sind solche Genmanipulationen an menschlichen ES-Zellen durch das deutsche Embryonenschutzgesetz ebenfalls unter Strafe gestellt. In anderen Ländern sind sie erlaubt.

Es geht um eine Wissenschaftsethik schlechthin. Es geht um die Frage, ob der Mensch alles, was er theoretisch könnte, auch praktizieren soll. Es geht um die Definition von unumstößlichen Werten, die für die gesamte Menschheit verpflichtend sind. Egal, wie diese Werte nun heißen mögen – sie sind vor allem durch jene Macht gefährdet, der der Mensch von jeher wenig Widerstand entgegenbringt: das Geld. Die Ethik hört meist dort auf, wo riesige Gewinne zu erwarten sind.

In der Transplantationsmedizin sind gewaltige Profite möglich, weniger für die Ärzte als für die Firmen, die auf diesem Gebiet produzieren und sich den Markt durch möglichst schnelles Agieren sichern. Der Wettbewerb der Wissenschaft ist, wie in der Wirtschaft auch, ein Kampf um Märkte. Wissenschaft ist Teil der Ökonomie. Schon heute wird zum Beispiel der unspektakuläre Markt für Hautgewebe-Züchtung, den das kalifornische Unternehmen »Advanced Tissue Sciences Inc.(ATS)« beherrscht, auf mehr als 1,5 Milliarden Mark jährlich geschätzt.

Das Geld beherrscht die Forschung – das sollte man bei jeder Ethikdiskussion niemals aus dem Blick verlieren, selbst wenn es letztlich kein zählendes Argument ist. Denn auch ein Arzt heilt einen Menschen nicht deshalb, weil ihm sein persönliches Schicksal so sehr am Herzen liegt – was natürlich auch der Fall sein kann –, sondern weil er mit seiner Arbeit Geld verdienen möchte.

Das eigentliche Problem mit der Ethik liegt ganz woanders: Ethik ist nichts Absolutes und Überhistorisches. Ethik wandelt sich in dem Maße, wie sich die menschliche Gesellschaft wandelt. In unserer Zeit hat der gesellschaftliche Wandel, nicht zuletzt durch den rasanten Fortschritt in Wissenschaft und Technologie, ein atemberaubendes Tempo erreicht. Die Ethik scheint in ihrer Wandlungsfähigkeit diesem Tempo nicht mehr gerecht zu werden; sie hinkt dem Fortschritt hinterher. Weniger die Ethik entscheidet, was gemacht oder nicht gemacht wird, sondern die Macht der Gewohnheit. Die moderne Gesellschaft gewöhnt sich an ein fragwürdiges Tun in Forschung und Medizin, noch ehe sie eine fundierte Ethikdiskussion darüber geführt hat.

Ein Beispiel hierfür ist die künstliche Zeugung menschlichen Lebens in der Retorte. Die Gesellschaft, zumal in Deutschland, war schockiert, als dies vor etwa zwanzig Jahren zum ersten Mal versucht wurde. Der Schock war heftig, währte aber nur kurz. Bald sprach kein Mensch mehr davon. Heute sind aus »Retortenbabys« erwachsene Menschen geworden, die unter uns leben.

Der Verdacht ist nahe liegend, dass es mit anderen medizinischen Praktiken, die uns jetzt noch irritieren und abstoßen, ebenso gehen wird. Auch an sie werden wir uns gewöhnen. Dabei darf man vor allem nicht den geistigen Wandel über die Generationen hinweg übersehen. Was uns irritiert, wird für unsere Kinder und Enkel ganz normal sein.

Vielleicht liegt ein Gedankenfehler darin, zu glauben, dass es *die* eine unumstößliche Ethik gebe, die man nur finden und für alle Zeiten gesetzlich festschreiben müsse. Eine solche Ethik hat es nie gegeben; wieso sollte es sie jetzt geben? Es gab von jeher immer nur kulturspezifische Ethiken. Alle Systeme der Ethik, die entwickelt wurden, dienten letztlich nur dem Zweck, die jeweiligen Gesellschaftssysteme funktionieren zu lassen. Auch der griechische Sklavenstaat war ethisch begründet. Ethik ist ein Funktionsfaktor für Gesellschaftssysteme.

Ethiken – und die mit ihnen verbundenen Werte – wurden immer dann rasch aufgegeben und durch neue ersetzt, wenn es der gesellschaftliche Fortschritt erforderte, und der wurde vor allem durch den wissenschaftlich-technischen Fortschritt bestimmt. Alle Ethiken wurden vom Fortschritt gleichsam vor sich her- und schließlich auf die Seite geschoben. Keine Ethik hat es jemals vermocht, einer neuen Technologie auf Dauer den Weg zu versperren, mag diese Technologie auch noch so »unethisch« sein.

Sollen wir deshalb auf Ethik verzichten? Nein, gewiss nicht. Was Not tut, ist eine Ethik, die den raschen Wandel in der Welt mitvollziehen kann, ohne sich selbst zu verraten; eine Ethik, die sich im Wandel selber treu bleibt. Doch vorerst ist sie nicht in Sicht.

Auch heute sind wir nicht viel weiter, als es Kant vor zweihundert Jahren schon war. Frei ausgedrückt: Handle stets so, wie du deinen besten Freund behandeln würdest – und wie du selbst behandelt werden möchtest: freundlich.

Mit dem Wort »behandeln« haben wir auch den Weg zurück zur Medizin und zum Herzen gefunden: Behandle den Patienten stets so, wie du deinen besten Freund, dein eigenes Kind behandeln würdest – und wie du selbst behandelt werden möchtest, auch im Angesicht des Todes. So zumindest hat es der Arzt Julius Hackethal formuliert, wohl wissend, dass so mancher Arzt Therapien anwendet, die er an sich selber ablehnen würde.

Ja, auch die Ethik der Medizin und der Mediziner bedarf einer Erneuerung. Die Medizin versteht sich schon seit langem nicht mehr als eine Heilkunst und spricht deshalb nicht mehr vom Heilen. Sie ist eine heillose Medizin geworden, die sich auf das Zudecken oder Wegschneiden von Symptomen konzentriert. »Heil« dagegen bezeichnet den Zustand eines Ganzen. Heilen bedeutet den Versuch, eine verloren gegangene Ganzheit wiederherzustellen, wobei das Heilen ein Prozess des Organismus selbst ist. Der Arzt schafft nur die Voraussetzungen, damit dieser Selbstheilungsprozess stattfinden kann. Geheilt werden nicht Krankheiten, sondern Menschen – der Patient heilt sich selbst.

Das Heilen sieht stets auch seine Grenzen, eben die Unheilbarkeit von Krankheiten. Damit ist Heilen immer konfrontiert mit der Frage nach dem Sinn von Heilen, dem Sinn des Lebens und dem Sinn des Todes. Der Arzt ist zwar verpflichtet, Leben zu retten und zu erhalten, doch nicht um jeden Preis. Ihm obliegt auch das Aufgeben all jener Patienten, die von ihrer Krankheit vollständig erobert sind. Wahre Heilkunst erkennt ihre Grenzen und akzeptiert sie auch. Erst durch diese Grenzen erhält sie ihren Sinn. Ihr fehlt jeder Impetus der Allmächtigkeit; sie sieht nicht nur verbohrt auf den Lebenserhalt, sondern hat stets die Lebensqualität des Patienten im Auge. Wo die Qualität des Lebens gegen Null geht, verliert das Leben seinen Sinn.

Die moderne Intensivmedizin jedoch, so scheint es, stellt sich die Frage nach der Lebensqualität – und damit die Sinnfrage – nicht mehr entschieden genug. Das hat unter anderem damit zu tun, dass sie sich den Tod gleichsam als Erzfeind des Menschen auserkoren hat; ihn gilt es mit allen Mitteln zu besiegen. Und sie versucht dies umso hartnäckiger, je weniger sie zu wirklichem Heilen in der Lage ist. Sie flüchtet sich ins endlose Behandeln bis hin zum Austausch der Organe. Ihre heimliche Intention ist das ewige Leben, sie will den natürlichen Kreislauf aus Werden und Vergehen durchbrechen. Welchen Sinn dieses Bemühen haben soll, weiß niemand, und danach wird auch gar nicht gefragt.

Man kann ja zum Beispiel auch glauben, dass der Tod nur ein Übergang ist, was man gerade als Christ nicht ganz aus den Augen verlieren sollte. Hat man diesen Glauben, so relativiert sich auch die Wichtigkeit eines durch medizinische Hochtechnologie verlängerten Lebens. Welchen Sinn sollte ein ewiges organisches Leben haben? Es ist zu befürchten, dass es mit der Hölle identisch wäre.

Die moderne Medizin zeigt unverhohlen die Tendenz, mit immer intensiveren, unerbittlicheren Methoden, die tief ins Erbgut des Menschen eingreifen, gegen den Tod vorzugehen – auch auf die Gefahr hin, durch die Radikalität ihrer Manipulationen die Identität des Menschen, sein Ich, zu verändern. Irgendwann wird alles am Menschen austauschbar, genetisch veränderbar sein – und keiner wird mehr wissen, wer er eigentlich ist. Gerade mit dem medizinischen Fortschritt wächst die Uneigentlichkeit des Daseins. An die Stelle der eigenen Möglichkeiten treten die technischen.

Im Prinzip ist schon heute ein Mensch denkbar, der sich aus Dutzenden von Organen anderer Menschen zusammensetzt. Hinzu kommen die Persönlichkeitsveränderungen durch unzählige Medikamente. Irgendwann wird es eine unverwechselbare Persönlichkeit nicht mehr geben; es herrscht eine starke Tendenz zur »Verkünstlichung« des Menschen, des Lebens schlechthin. Viele Intensivmediziner neigen dennoch dazu, unbeirrt weiterzumachen, weiterzubehandeln, weiterzuforschen. Das ist der Fluch der Wissenschaft: Es gibt kein Ende.

Bei aller Kritik sollen die großartigen Leistungen auf dem Gebiet der lebensrettenden medizinischen Maßnahmen nicht geschmälert oder gar verteufelt werden. Ein Leben zu erhalten ist etwas Wunderbares! Doch die Lebenserhaltung kann auch zur Entwürdigung des Menschen führen. So liegen Geist und Ungeist, Heil und Unheil der modernen Medizin eng beieinander; die Übergänge sind fließend, und darin liegt die Gefahr.

In einer Rede vor der Görres-Gesellschaft in Göttingen im Jahre 1998 meinte der frühere Bundespräsident Roman Herzog, dass sich der Menschheit immer entschiedener die Frage stellt: »Was wollen wir eigentlich?« Diese Frage aber werde verdrängt durch die Frage: »Was können wir alles noch?« Wissenschaft und Technologie entwickeln eine Eigendynamik, der gegenüber die kritischen Instanzen der Demokratie zunehmend machtloser werden. Die Wissenschaft schafft unmündige Bürger, und dagegen helfen keine Ethik-Kommissionen. Gerade Medizin und Biowissenschaften werden zu einer Terra incognita, die nur noch Spezialisten verstehen. Was auf diesen Gebieten passiert, geht jedoch alle an.

»Es muss«, so betonte Roman Herzog, »über neue Formen nachgedacht werden, um die Demokratie nicht unter der Hand zu einer delegitimierten Expertokratie werden zu lassen. Die Frage ›Was wollen wir eigentlich?‹ muss wieder in den Mittelpunkt gesellschaftlicher Debatten rücken. Wir müssen politische und gesellschaftliche Ziele formulieren, sonst bleibt am Ende aller Utopien nur noch die letzte übrig: die nackte technokratische Utopie des Machen-Könnens, die von keiner politischen Überzeugung, von keiner ethischen Verpflichtung, von keiner demokratischen Zustimmung mehr begleitet wird, sondern höchstens noch ökonomisch reguliert werden kann.«

Es stellt sich uns – Modernität hin oder her – die unmoderne Frage nach dem Sinn. Diese Frage löst man nicht mit technischer Intelligenz. Man löst sie, wenn überhaupt, mit der Intelligenz des Herzens.

Literatur

Claussen, Peter Cornelius: *Herzwechsel*. München 1996

Condrau, Gion/Gassmann, Marlis: *Das verletzte Herz*. Zürich 1989

Gleick, James: *Chaos – die Ordnung des Universums*. München 1988

Hahn, Susanne (Hrsg.): *Herz*. Dresden 1995

Holtzapfel, Walter: *Im Kraftfeld der Organe*. Dornach 2. Aufl. 1990

Klepzig, Harald/Klepzig, Helmut: *Das kranke Herz*. Stuttgart 3. Aufl. 1997

Maeger, Annemarie: *Genetische Geometrie*. Hamburg 1995

Reich-Ranicki, Marcel: *Herz, Arzt und Literatur*. Zürich 3. Aufl. 1998

Schadewaldt, Hans: *Das Herz*. Taunusstein 1989

Schipperges, Heinrich: *Die Welt des Herzens*. Frankfurt/M. 1989

Schöffler, Heinz Herbert: *Die Zeitgestalt des Herzens*. Stuttgart 1975

Thomae, Karl (Hrsg.): *Das Herz*, Bd. 1–3. Biberach 1965–1969

Vogel, Lothar: *Der dreigliedrige Mensch*. Dornach 1992

Wolf, Fred Alan: *Körper, Geist und neue Physik*. Bern 1989

Zweig, Adam (Hrsg.): *Zur Symbolik des Herzens und des Raumes*. Bern 1991